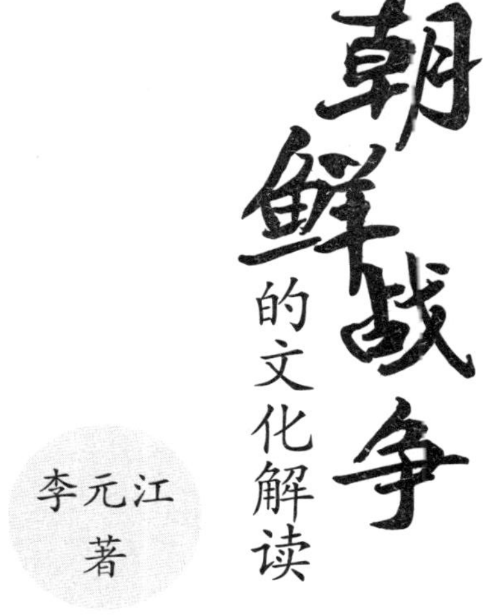

朝鲜战争的文化解读

李元江 著

CHAOXIAN ZHANZHENG
DE WENHUA JIEDU

中国文联出版社
http://www.clapnet.cn

图书在版编目（CIP）数据

朝鲜战争的文化解读 / 李元江著. -- 北京：中国文联出版社，2015.7

ISBN 978-7-5190-0149-0

Ⅰ.①朝… Ⅱ.①李… Ⅲ.①朝鲜战争（1950～1955）—史料—研究 Ⅳ.①K312.52

中国版本图书馆 CIP 数据核字（2015）第 181208 号

朝鲜战争的文化解读

作　　者：李元江

出 版 人：朱　庆

终 审 人：朱彦玲　　　　复 审 人：蒋爱民

责任编辑：胡　笋　　　　责任校对：傅泉泽

封面设计：中联华文　　　责任印制：陈　晨

出版发行：中国文联出版社

地　　址：北京市朝阳区农展馆南里 10 号，100125

电　　话：010-65389152（咨询）65067803（发行）65389150（邮购）

传　　真：010-65933115（总编室），010-65033859（发行部）

网　　址：http：//www.clapenet.cn

E - mail：clap@clapnet.cn　　hus@clapnet.cn

印　　刷：北京天正元印务有限公司

装　　订：北京天正元印务有限公司

法律顾问：北京市天驰洪范律师事务所徐波律师

本书如有破损、缺页、装订错误，请与本社联系调换

开　　本：710×1000　　1/16

字　　数：146 千字　　印　张：13

版　　次：2016 年 1 月第 1 版　　印　次：2016 年 1 月第 1 次印刷

书　　号：ISBN 978-7-5190-0149-0

定　　价：39.00 元

目　录
CONTENTS

第一章

对朝鲜战争研究的历史与现状

1950 年 6 月 25 日，在三面临山一面临海的朝鲜半岛上，爆发了南北朝鲜之间的一场内战，虽说是内战，但十几个国家同时卷入了朝鲜内战，而成立不到一年的新中国，在百年屈辱历史的长河中，第一次成为那场战争的真正主角，其上百万儿女与号称世界第一强国的美国进行了一次面对面的较量。战争残酷而激烈，并几乎突破朝鲜地域的概念，生成一次新的世界大战。最后，在全世界正义力量的关注下，双方终于停止了那场至今没有结局的战争。那场战争之后，世界历史进入了长达 30 多年的东西方冷战时代。正是由于这场战争，使中国军威大振，使世界重新认识了中国，使中国开始从屈辱走向尊严，走向世界的中心。

朝鲜战争爆发前一年即 1949 年，北京和平解放，毛泽东主席在天安门城楼庄严向全世界宣布新中国的成立。国民党傅作义部队和平撤出北京城，而进城的部队是戴着狗皮帽子的、从塞外浩浩荡荡进城的东北野战军的胜利之师，两支军队正在交接城防。一年之后即 1950 年，这两支部队同时奉国家之命，先后入朝作战。这支在西苑机场受到毛泽东检阅的进城部队就是首批入朝的中国人民解放军第13兵团，那支出城的部队，当时正在北平郊区接受整编，以后被确定为解放军第23兵团，有史以来第一次同仇敌忾，共抵外辱。

回首那场发生在60多年前的战争，许多历史的悬疑至今困扰着人们，澄清它的来龙去脉，是我们历史工作者不可推卸的责任。从战争的第一天起，西方各国就认定中国参与预谋这次战争的发生；在中国，同样也认为是美国一手挑起了朝鲜战争。近几年，美国白宫已陆续将朝鲜战争的档案解密。历史资料表明，美国是在开战后仓促发动战争机器的。近年来，中国许多亲历那场战争疏密的当事者，在回忆录中也都阐明，中国是在战争爆发的当天与全世界一样从外电获知它的北方邻国发生了战争。如果这些都是事实，应该说是历史把中国同美国的碰撞放在了1950年。

朝鲜战争，是第二次世界大战结束后爆发的又一场具有相当规模的国际性战争。这场战争虽然是在一个国家内进行的，但参战国很多。一方是以美国为首的十多个国家的军队组成的所谓“联合国军”以及朝朝鲜军队。另一方则是朝鲜人民军和中国人民志愿军。这种多国参战的局面，使交战双方的战略指导、战争的规模、战役的进程，都必然受着国际政治形势的影响和约束。这就决定了战争的复杂性和尖锐性。

战争是异常激烈而又残酷的。在一个幅员狭小的战场上，战争双方都投入了大量的兵力、兵器，作战规模愈来愈大、作战方式由运动战到阵地战。到战争结束时，双方在战场上的兵力达300多万人。美国使用了除原子弹以外当时已有的所有现代化武器。战场上的兵力密度、炮火的密度以及美机轰炸的密度，都已超过了第二次世界大战的水平。

对这场战争，我们至今记忆犹新。60 多年过去了，有关国家都在对这场战争进行深入的研究和探讨。为全面、准确地跟踪和了解世界上主要国家对朝鲜战争的研究，以便于我对这个问题的论述，首先对各主要有关国家对朝鲜战争的研究状况做一分析。

一、中国大陆对朝鲜战争的研究

朝鲜战争是第二次世界大战结束后发生的又一场规模较大的带有国际性的局部战争，战争爆发至今，已有 60 多年了。在中国大陆，对朝鲜战争的研究也是逐步展开的。早在上世纪五六十年代，全国上下对朝鲜战争的看法总体上还是比较一致的，都认为是美国违背了第二次世界大战中同盟国关于朝鲜问题的协议，推行分裂朝鲜的政策，在朝鲜南半部，扶植李承晚集团于 1948 年单独成立了所谓的“大韩民国政府”，彻底破坏了朝鲜的和平统一和自主独立。朝鲜人民在以金日成同志为首的朝鲜劳动党的领导下，同美国和南承晚集团展开了坚决的斗争，朝鲜劳动党和朝鲜政府坚决主张全朝鲜的自主和平统一；而韩国方面在美国的支持下，推行“武力统一”的反动政策，并在“三八”线附近不断进行武装挑衅，将朝鲜半岛的北南对立推向战争边缘，终于爆发战争，其目的是为了完全吞并朝鲜，破坏朝鲜半岛的和平与稳定，进而威胁到中国的国家安全。

由于众所周知的原因，朝鲜战争结束后，中国对朝鲜战争的研究，始终是按照党中央的统一口径说话的。中国对朝鲜战争从不同角度的深入研究，始于党的十一届三中全会以后的改革开放。随着全国政治体制、经济体制改革的不断深入，人们的思想逐渐活跃，眼界不断扩大，有关的史料陆续解密，对一些历史事件的研究也逐步深入，研究人员开始从经济的、军事的、社会的、文化的等多方面多角度进行研究，对朝鲜战争的研究也不例外，尤其是从 20 世纪 70 年代末 80 年代初开始，因改革开放带来的朝鲜战争研究热，大量的书籍和文章等出版物面世，对朝鲜战争的新的研究、新的看法也不断见诸报端。下面仅就我所了解的情况和根据自己的理解，把他们分成以下几类：

（1）中国官方对朝鲜战争的研究和看法

早在 1950 年 10 月中国决定派遣中国人民志愿军赴朝参战以前，就已开了全国上下的“抗美援朝”运动，以唤起全国人民的支持，当时“中国人民保卫世界和平抵抗美国侵略委员会”出版了大量有关朝鲜战争的文章、书籍和战场报道。1950 年 6 月至 12 月间，共发表了四千多篇文章，出版了 143 册书籍。[①] 这些出版物通常是向广大人民群众进行宣传的。尽管如此，对于今天想要重新研究中国如何应付朝鲜半岛危机的学者来说，这些出版物仍有很大的价值。由于这场战争是中国军队首次和美军与韩国军队遭遇，战争爆发后，中国立即开始对朝鲜战争的局势，特别是中国在这场战争中的角色展开研究。中国人民志愿军第九兵团司令员宋时轮组织了数十名学者进行有系统的研究，其研究结果于 1952 年 7 月以专著形式少量出版，仅在朝鲜战场上的中国军队指挥官和国内少数学者之间流通。目前该书仍列为机密。该书主要记录并评论了战场形势、敌军状况、进攻与防卫，以及战场补给。

---

① 北京图书馆：《抗美援朝资料目录》，1950 年版。

1953 年 7 月签订板门店停战协定，朝鲜半岛上的军事紧张形势随之缓解，中国政府立即开始了有关朝鲜战争的官方的历史编纂工作。1954 年，人民出版社出版了名为《伟大的抗美援朝运动》① 的文件选集，这本书收集了所有的中国政府的宣言、声明、官方报告，以及新华社发布的重要新闻、社论和宣传文章，该书直到今天仍是一本研究朝鲜战争的重要参考书籍。同年，“中国人民志愿军抗美援朝战争工作经验总结委员会”成立，曾任志愿军副司令员的邓华出任主任委员，该委员会的 60 名委员中，大多是大学院校和军事研究机构的学者。两年以后即 1956 年，该委员会出版了一册 160 万字的巨著《抗美援朝战争的经验总结》,② 这本书是到 1959 年为止关于朝鲜战争最重要的大学教材。

（2）参战将士撰写的战争回忆录

随首岁月的流逝，当年参加朝鲜战争或参与决策的一大批老同志相继到了退休的年龄，但是他们是我们国家宝贵的财富，他们有着丰富的经验和深刻的认识，他们陆续将自己的亲身经历从记忆变成文字，供后人传诵和研究。我不可能收集齐所有的回忆录，下面仅列一些供参考。

《志愿军一日》③ 由人民文学出版社出版多卷本，在不到两年时间即从 1953 年 12 月到 1955 年 5 月，出版社共收到 13615 篇关于朝鲜战争中战争经验的文章，总计两千零四十万字，投稿者上自中国人民志愿军总司杨得志（接替彭德怀），下至一般士兵。出版社

① 中国人民抗美援朝委员会宣传部编，人民出版社 1954 版。

② 中国人民志愿军抗美援朝战争工作经验总结委员会编，解放军出版社 1956 年版。

③ 《志愿军一日》编辑委员会编，人民文学出版社 1956 年版。

从其中选取一百万字，编为四卷出版：第一卷从1950年10月志愿军参战至第五次战役结束；第二卷从1951年6月至1953年在三八线的胶着状态；第三卷主要包括海空战役、后勤与运输；第四卷则为停战协定签订前三个月间双方的拉锯战。同年稍后，《志愿军英雄传》一书出版,[①] 这些书籍和回忆录收集了大量内容丰富的历史资料。

随后，中国开始了反右运动和人民公社运动，1959年，曾任中国人民志愿军司令员、国防部长的彭德怀受到批判，国内对于朝鲜战争的研究和出版几乎陷于停顿。直至1978年底，中国共产党召开了十一届三中全会，改革开放的政策使中国的政治气氛开始活跃，国内对朝鲜战争的研究也再度开展起来。由于改革开放，人们的思想趋于活跃，开始寻找新的研究途径，一部分档案也对外开放了。在这样的背景下，对朝鲜战争的研究有了很大的进展，就这一问题的出版物也大量问世。如1984年出版的《周恩来选集》[②] 首次公开了朝鲜战争期间的一些重要决策。柴成文、赵勇田根据国家档案整理编写的《抗美援朝纪实》[③] 一书，系统地记载了1945年到1958年所有与朝鲜战争有关的重大决策和事件，其中包括东边防军的建立及派中国人民志愿军入朝作战。

一些原中国人民志愿军高级指挥官在经历了“文革”的动荡后，又重新回到了重要领导岗位上，他们对军事学术机构和国防机构研究朝鲜战争方面，起到了重要的作用。从20世纪80年代起，一些涉及朝鲜战争的军事资料逐步解密，对这场战争的得失也在探

---

① 《志愿军英雄传》纺织委员会编，人民文学出版社1956年版。
② 人民出版社1984年版。
③ 中共党史资料出版社1987年版。

讨之中，过去视为敏感的问题，如战俘问题、志愿军的伤亡人数、战争期间与苏联的关系以及中国高层领导人对参战的意见分歧等，得以公开讨论。以前中国出版的任何作品，总是以朝鲜的说法为准，指称战争由南朝鲜首先挑起，现在则采取比较客观现实的态度，用比较公正的说法，“1950 年 6 月 25 日朝鲜战争爆发”。

前志愿军军官的回忆录大量且详细地提供了他们个人的观察与亲身经历。

除毛泽东外，几乎所有参加过朝鲜战争的重要人物都出了回忆录，这是非常不同寻常的。这些回忆录有：

人民出版社 1981 年出版的《彭德怀自述》① 是最具代表性的。它披露了许多惊人的内幕，包括内部激烈的战斗争论和毛泽东的主宰角色；中华人民共和国成立后，彭德怀任中央人民政府革命军事委员会副主席；1950 年 10 月，朝鲜战争爆发在七个月内连续进行五次战役，把以美国为首的“联合国军”赶回到三八线，迫使其转入战略防御，接受停战谈判；朝鲜民主主义人民共和国最高人民会议常务委员会授予他“朝鲜人民共和国英雄”称号；在“反右倾”斗争和“文化大革命”运动中遭到迫害；他据理力争，坚贞不屈，由于长期遭受摧残和折磨，1974 年 11 月 29 日在北京逝世。1978 年 12 月中共十一届三中全会为他平反昭雪，恢复名誉。中国人民解放军原总参谋长聂荣臻在《聂荣臻回忆录》② 中述及，1949 年新政权建立后解放军逐步复员，1950 年初东北边防军的组建，这也是后来入朝志愿军的前身，以及解放军中大批韩裔军人遣返朝鲜，并把当时中国军队中较好的武器拨给朝鲜军队使用。

---

① 人民出版社 1981 年版。

② 解放军出版社 1984 年版。

徐向前在回忆录《历史的回顾》① 中披露了中国和苏联领导人之间在朝鲜战争问题上的意见分歧。中国决定在“前线”抵抗美国，苏联在“后方”支持，而此时苏联却“害怕激怒美国政府”，不愿全力支援中国军队的作战。尤其令徐向前感到失望的是斯大林并不愿意协助中国建立军队。1951 年夏天，徐向前率领中共代表团赴莫斯科争取 60 个师的武器和装备，但苏联的援助只够 10 个师之用。更糟糕的是苏联的武器不仅过时，而且在朝鲜战场上有时毫无效用。徐向前的回忆给朝鲜战争期间中苏两国之间的不和提供了更多的证据。

伍修权在其回忆录《在外交部八年的经历》② 中，谈到 20 世纪 50 年代初期代表中国政府出使联合国，以及后来出任外交部副部长时，所参与的朝鲜问题的讨论。

中国人民志愿军副司令员杨得志在他的回忆录《为了和平》③ 中，集中描述了他所指挥的志愿军第 19 兵团参与的战斗。

中国人民志愿军第 20 兵团司令员杨成武的回忆录《新的使命》④ 也集中描述了第 20 兵团所参与的战斗。

志愿军政治部主任杜平的回忆录《在志愿军总部》,⑤ 详细描述了志愿军的政治动员及解除军备的活动。

中国人民志愿军副司令员洪学智主要负责志愿军的后勤保障工作，他在回忆录《抗美援朝战争回忆》⑥ 中，描述了志愿军总部的

① 解放军出版社 1987 年版。
② 新世界出版社 1986 年版。
③ 长城出版社 1987 年版。
④ 卓越出版社 1989 年版。
⑤ 解放军出版社 1989 年版。
⑥ 解放军文艺出版社 2000 年版。

日常生活，以及作战的决策过程。

全程参与朝鲜战争的柴成文、赵勇田在其回忆录《板门店谈判》① 中，记载了板门店谈判的亲身经历。

（3）有关朝鲜战争的书籍

自从改革开放以来，中国出版了许多关于朝鲜战争的书籍；其中最重要的要数《中国人民志愿军抗美援朝战史》。② 这是关于朝鲜战争相对来说最为全面的著作。

与此书相类似的是国防大学徐焰教授所写的关于朝鲜战争的书《第一次较量》，此书于 1990 年由广播出版社出版。他以冷静客观的态度，从军事、国际政治等多方面对抗美援朝战争进行了论述，资料翔实，见解精到，分析问题深入透彻，可以看出徐焰教授是经过了很认真的思考和资料收集的，所以这是研究朝鲜战争较好的一本书。我从这本书中也受益匪浅。

在这同一时期，由中共中央军事委员会再次发行的《中国人民志愿军序列》，③ 对所有战役的战斗序列，以及志愿军师级以上指挥官的姓名，都详细列出。

首先提出对朝鲜战争提出不同看法并提倡深入研究的是姚旭。他是一位参加过朝鲜战争军人。他在《党史研究》刊物上发表题为《抗美援朝的明智决定》一文，为全面研究中国在朝鲜战争中的角色提出了全新的方向。他认为中国参战既未经过长期规划与完善构思，也不是苏联全球扩张计划的一部分。这一观点与传统的观点相异，也与官方的说法相抵触。这篇争议颇大的文章后来发展成为一

---

① 解放军出版社 1989 年版。

② 军事科学院军事历史研究部编著，军事科学出版社 1988 年版。

③ 军事科学院编，军事科学出版社 1989 年版。

本书，书名为《从鸭绿江到板门店：伟大的抗美援朝战争》。① 书中披露了中共中央决定派志愿军赴朝参战的更多内幕，比如东北边区政府主席高岗和第四野战军司令林彪都强烈反对毛泽东派兵入朝参战，而他们的部队却又恰恰是入朝志愿军的主力部队。姚旭详细描述了中国出兵朝鲜之前中共与苏共之间的紧张关系。开始斯大林向毛泽东保证，如果中共答应入朝与美军作战，苏联将给予空中掩护。为了进一步鼓励毛泽东出兵，斯大林还告诉毛泽东，如果中共不派兵入朝解救朝鲜，“金日成同志将会在中国东北建立流亡政府”。然而美军越过三八线，毛泽东决定出兵之后，斯大林却改变了主意。毛泽东考虑了一周之后决定：即使没有斯大林早先承诺的空中掩护，中国仍要出兵，因为他相信美军会很快进逼到中朝边界，这将会危及中国的安全。

另外，曾参加过朝鲜战争的军旅作家叶雨蒙以其亲身经历和其军事科学院和国防大学的战史研究人员身份的帮助，写了《黑雪》这书，该书于 1989 年由作家出版社出版。书中详细记叙了 1950 年朝鲜战争爆发的全过程。作者从宏观角度着重描写了中、美、苏、朝四国最高领导人在这场战争中的战略决策、指挥部署以及战争开始阶段的几次重大战役和一些事件，这是对朝鲜战争进行了深入的研究后写出的一本好书。

世界知识出版社 1985 年出版的当代战争实录系列《朝鲜战争实录》，也是国内一本较好地反映朝鲜战争的书籍，它是一本全面反映朝鲜战争的全景式纪实作品，描述了从朝鲜战争爆发到志愿军凯旋的战争全过程。

---

① 姚旭，人民出版社 1985 年版。

(4) 召开了许多有关朝鲜战争的研讨会

除了官方的文件、书籍、回忆录以外，中国大陆还举行了各种有关朝鲜战争的研讨会。第一次有关志愿军的全国性学术研讨会于1987年在沈阳召开，会后不久出版了论文集《抗美援朝战争论文集》[①] 为了纪念中国参加朝鲜战争40周年，1990年6月，在武汉召开了一次更重要的全国性讨论会，来自70多个机构的110多位学者以及20多位志愿军军官参加了会议。会后选出了50多篇论文出了论文集《抗美援朝研究》。[②] 该论文集完全体现了学者们在独立研究朝鲜战争方面有了很大的突破。学者们不仅用大批新史料重新检讨朝鲜战争，也访问了退伍军人，并参阅韩国，我国台湾和香港以及西方的研究成果，由此发展出新颖和有争议的观点。该论文集还包括了毛泽东的军事思想、外交活动、细菌战的争论、武器问题、华侨与朝鲜战争、以及战争对中韩、中美、中日关系的影响等主题。这本论文集是当时中国学者研究朝鲜战争中“中国的角色”的代表作。

(5) 研究朝鲜战争的一些机构和研究人员

军事部门是研究朝鲜战争的主要机构。中国军事科学院是最重要的机构，在其所属的战史部中，有一群学者专门研究朝鲜战争，他们也有更多的机会接触到朝鲜战争的档案材料。其所编纂的重要书籍有《中国人民志愿军抗美援朝战史》。此外，军事科学院也出版颇具权威性的刊物《军事历史》。1986年成立的国防大学，也是研究朝鲜战争这一课题的重要机构。在国防大学任教的徐焰和姚旭两位教授是研究朝鲜战争的知名学者。上海的空军政治学院和军事

---

① 沈阳军区编，辽宁人民出版社1989年版。

② 人民出版社1990年版。

经济学院地朝鲜战争的研究领域也很活跃，他们常常举办全国性的朝鲜战争问题研讨会。空军政治学院也出版了《军事历史研究》期刊。

在下面所提到的一些机构中，可以找到研究朝鲜战争的第一手资料：北京的中国军事博物馆。该馆不仅有实物展览，也有重要的资料收藏，并出版《军事史林》期刊；丹东的抗美援朝纪念馆。该馆有1000多件展览品和甚多档案，可供研究；北京的军事历史档案馆。这是收藏第一手史料最重要的机构，包括最早的战争计划、通讯、命令、情况分析。有些史料至今都是不对外开放的。

从研究朝鲜战争的人员来看，大部分研究人员集中在高等学校，目前大约有200人左右。除军事院校外，大多数都是教党史的教师。

（6）有关朝鲜战争的出版物很多，尤其是20世纪80年代中期以来，更是数不胜数，我根据自己了解的情况，做了一个大致的收集，在此按出版时间顺序列出，以飨读者。

北京图书馆，《抗美援朝资料目录》，北京图书馆1950年版；

陈翰伯，《朝鲜战争后的国际形势》，世界知识出版社1950年版；

黄操良，《战后世界新形势》，海燕书店1950年版；

钦立本，《美帝经济侵华史》，世界知识出版社1950年版；

伍修权，《中华人民共和国代表伍修权在联合国安全理事会控诉美国武装侵略台湾的发言》，人民日报出版社1950年版；

新华时事丛刊社编，《抗美援朝时事资料索引》，人民出版社1950年版；

余崇文，《美帝是怎样侵略朝鲜的?》，上海人民出版社1950

年版；

《朝鲜通讯报告选》，人民文学出版社 1952 年版；

廖盖隆，《中国人民解放战争和新中国五年简史》，人民教育出版社 1954 年版；

中国人民抗美援朝委员会宣传部编，《伟大的抗美援朝运动》，人民出版社 1954 年版；

中国人民志愿军抗美援朝战争工作经验总结委员会，《抗美援朝战争的经验总结》，解放军出版社 1956 年版；

志愿军一日编委会编，《志愿军一日》，人民文学出版社 1956 年版；

志愿军英雄传编委会编，《志愿军英雄传》，人民文学出版社 1956 年版；

《志愿军英雄颂》，中国青年出版社 1965 年版；

《毛泽东选集》第五卷，人民出版社 1977 年版；

《彭德怀自述》，人民出版社 1981 年版；

《周恩来选集》，人民出版社 1984 年版；

聂荣臻，《聂荣臻回忆录》，解放军出版社 1984 年版；

王炳南，《中美会谈九年回顾》，世界知识出版社 1985 年版；

姚旭，《从鸭绿江到板门店：伟大的抗美援朝战争》，人民出版社 1985 年版；

伍修权，《在外交部八年的经历》，新世界出版社 1986 年版；

聂凤智，《三军挥戈战东海》，解放军出版社 1986 年版；

徐向前，《历史的回顾》，解放军出版社 1987 年版；

杨得志，《为了和平》，长城出版社 1987 年版；

柴成文，赵勇田，《抗美援朝纪实》，中共党史资料出版社

1987 年版；

金大鹰，《志愿军战俘纪实》，昆仑出版社 1987 年版；

胡光正，马善营，《中国人民志愿军序列》，解放军出版社 1987 年版；

中国人民解放军 181 师编，《友谊凯歌》，安徽人民出版社 1987 年版；

江拥辉，《三十八军在朝鲜》，辽宁人民出版社 1988 年版；

军事科学院军事历史研究部编，《中国人民志愿军抗美援朝战史》，军事科学出版社 1988 年版；

军事科学院编著，《当代中国外交卷：当代中国军事工作》，中国社会科学出版社 1989 年版；

军事科学院编著，《当代中国外交卷：抗美援朝战争》，中国社会科学院出版社 1989 年版；

杨城武，《新的使命》，卓越出版社 1989 年版；

杜平，《在志愿军总部》，解放军出版社 1989 年版；

柴成文，赵勇田，《板门店谈判》，解放军出版社 1989 年版；

叶雨蒙，《黑雪》，作家出版社 1989 年版；

沈阳军区编，《抗美援朝战争论文集》，辽宁人民出版社 1989 年版；

《中国大百科全书：军事》，军事科学出版社 1989 年版；

《抗美援朝研究》，人民出版社 1990 年版；

《建国以来毛泽东文稿》第二、第三卷，中央文献出版社 1990 年版；

洪学智，《抗美援朝战争回忆》，解放军出版社 1990 年版；

徐焰，《第一次较量》，广播出版社 1990 年版；

叶雨蒙，《出兵朝鲜——抗美援朝历史纪事》，十月出版社1990年版；

叶雨蒙，《汉江血》，经济日报出版社1990年版；

《中国大百科全书：军事：抗美援朝的凯歌》，中国大书出版社1990年版；

齐德学，《朝鲜战争决策内幕》，辽宁大学出版社1991年版；

郭宝恒，王恒一，《从东线到西线——四十二军在朝鲜》，辽宁人民出版社1991年版；

薄一波，《若干重大决策与事件的回忆》上卷，中共中央党校出版社1991年版；

薄一波，《若干重大决策与事件的回忆》下卷，中共中央党校出版社1993年版；

二、美国对朝鲜战争的研究

朝鲜战争初期及战后的一段时间，美国人对朝鲜战争的研究并不太重视，甚至有些学者感叹朝鲜战争是“不为人知的战争”（unknown war）或“被遗忘的战争”（forgotten war）。但是20世纪80年代中期以后，对朝鲜战争的研究迅速增加，关于朝鲜战争问题的英文书籍就有两百多本，其中研究性的著作数量也相当可观。从90年代起，有关朝鲜战争的英文专题论文达300篇以上，英文的博士、硕士论文直接以朝鲜战争为研究主题的也超过70篇。众多学者重新热衷于研究朝鲜战争，主要是因为苏联和美国一大批关于朝鲜战争的原始档案陆续向社会公开。先是美国在1976年至1984年间，出版了与朝鲜战争直接相关的美国外交文件选集（Foreign Relations of the United States），同时这段期间的美国官方文件，除情报单位档案外，几乎全部开放；英国和其他西方国家的相关档案也陆续公开。从1978年底开始中国进行了改革开放，陆续出版了档案选集和重要将领的回忆录、口述史等，提供了中国参与朝鲜战争的第一手资料。在苏联解体后，部分有关朝鲜战争的军事外交档案从不同的渠道流向外界，并被翻译成英文出版；韩国总统金泳三1994年6月访问俄罗斯时，俄罗斯总统叶利钦将215件有关朝鲜战争的档案交给金咏三，这些文件的摘要被翻译成韩文和中文出版。由于这些难得的材料持续公开，学者对朝鲜战争研究的视野不断拓展，研究不断深入。研究的要点主要集中在：（1）谁发动了朝鲜战争；（2）美国介入朝鲜战争是否明智；（3）分析美国的战争策略。

从90年代起，美国对朝鲜战争研究的一大特色是军事史大量出现。在美国的《出书书目》（Book in Print）中所找到的朝鲜战争的书目中，有将近一半为军事史，单篇论文也有近一半是关于朝鲜战争的军事史文章。有关朝鲜战争的博士、硕士论文在20世纪90年代也有大幅增加，这些论文包括战略研究、陆海空三军的历史及战斗经验、个别战役史以及军中医疗单位的历史等。另一类研究是以参战的军人、战俘为对象，研究他们的心理、精神状态等。

美国各类军人、记者所写的有关朝鲜战争的军事回忆录数量相当多，在此仅列一部分：

1. I · F · STONE The Hidden History of the Korean War

（New York：Monthly Review Press，1952）

（斯通：《朝鲜战争内幕》）

2. MATTHEW LEECHWAY The Korean War published in U. S. in 1967

（李奇微：《朝鲜战争》）

3. HARRY TRUMAN Truman Reminiscences

（哈里·杜鲁门：《杜鲁门回忆录》）

4. HOLMES American Army in the Korean War Vol Ⅰ

（赫尔姆斯：《朝鲜战争中达到美国陆军》第一卷）

5. JAMES SCHNABEL American Army in the Korean War Vol Ⅱ

（詹姆斯·斯纳贝尔：《朝鲜战争中达到美国陆军》第二卷）

6. DOUGLAS MACARTHUR Douglas Mac Arthur Reminiscences

（麦克阿瑟：《麦克阿瑟回忆录》）

7. BLAIRE Mac Arthur

（布莱尔：《麦克阿瑟》）

8. SCHALLER MICHAEL Douglas Mac Arthur Oxford University Press 1989

（沙勒·米歇尔：《道格拉斯·麦克阿瑟》）

9. JOHN TOLAND In Mortal Combat - Korea 1950 - 1953 QUILL，1991

（约翰·托兰：《漫长的战斗——美国人眼中的朝鲜战争》）

10. BEVIN ALEXANDER Korea：The First War We Lost

（贝文·亚历山大：《朝鲜：我们第一次战败——美国人的反思》）

11. GOULDEN JOSEPH C. Korean：the Untold Story of the War McGraw hill，1983

（约瑟夫·格登：《朝鲜战争——未透露的内情》）

12. RUSSOU SPAUL The Secret of Korean War（1987 年）

（罗素·斯泊尔：《韩战内幕》）

13. JAMES MATTRAY The Reluctant Crusade：American Foreign

Policy in Korea, 1941 –1950 The University of Hawaii Press, 1985

（詹姆斯·麦特雷：《勉强出生的十字军：美国在朝鲜的外交政策 1941 –1950》）

14. CUMINGS BRUCE HALLIDAY JON Korea：the Unknown War Pantheon Books, 1988

（卡明斯·琼：《朝鲜：未知的战争》）

15. COTTON JAMES The Korean War in History Manchester University Press, 1989

（格登·詹姆斯：《历史上的朝鲜战争》）

16. GARDNER LLOYD C. The Korean War Quadrangle Books, 1972

（嘎德纳·洛德：《朝鲜战争》）

17. STUECK WILLIAM WHITNEY The Korean War Princeton University Press, 1995

（惠特尼：《朝鲜战争》）

18. JOHN MERRIL Korea：The Peninsular Origins of the War Newark, Del：The University of Delaware Press, 1989

（约翰·麦里尔：《朝鲜：战争的起源》）

19. KATHRYN WEATHERSBY The Soviet Role in the Phase of the Korean War：

New Documents Evidence The Journal of America – East Asia Relations 1993

（凯瑟林：《苏联在朝鲜战争期间的作用：新的证明文件》）

曾经任联合国军总司令的美国五星上将麦克阿瑟认为朝鲜半岛上的冲突是一场战争。他说："我由于把朝鲜冲突看成一场战争而不把它看作一次'警察行动'而受到了谴责……当大约十五万美国士兵以及数倍于此的我们盟国韩国士兵阵亡或伤残时，人们怎能还有理由说这不是战争呢?”同时他认为杜鲁门总统在处理朝鲜局势问题上显得优柔寡断，他说：“我还怀着日益焦急不安的心情注意到他对朝鲜局势的处理上愈来愈显得优柔寡断。他从来没有到过朝鲜，他对远东和那里的人民一无所知，这对于一个负有最后决策之责的人来说已成为一个危险的弱点。”①

美国对朝鲜战争的研究和看法，从军事史角度看，美国原陆军上将马修·邦克·李奇微的回忆录《朝鲜战争》（The Korean War）比较具有代表性。该书于1967年在美国出版。在美国侵朝期间，李奇微于1950年12月担任美军第8集团军司令，1951年4月至1952年5月担任驻远东美军司令和所谓“联合国军”司令等职。

李奇微的观点主要有：

1. 李奇微认为，朝鲜战争标志着“美洲堡垒”时代在美国的终结，同时也标志着一个新时代的开始

在这个时代，美国再也不能仅仅通过避免与外界发生纷争来求得和平了。当战争在朝鲜爆发时，美国在预警时间甚至还不到一周的情况下便被迫仓促参战，卷入到一场远在地球另一边、美国人民既不理解又感觉不到的斗争中去了。这在美国历史上尚属首次。

2. 李奇微认为美国对朝鲜战争的反应是其所有对外战争中最仓促的一次

李奇微在该书的《序言》中写道，从使美国得以诞生的第一场战争起，在以往的历次战争中，美国都有时间做好战争准备，补充兵员以及仔细研究在何处使用和如何才能最好地使用军队。在其他

---

① 《麦克阿瑟回忆录》，上海译文出版社1984年版，第301－302页。

战争中，美国有海洋作为屏障，远离战场，因为有足够的时间将工业纳入战时轨道，训练军队，建立物资储备以及研究兵力部署。

然而，还有许多问题在整个战争过程中以及战后很长一个时期内使美国人民困惑不解。为什么竟在没有任何预警的情况下就突然爆发了如此重大的冲突？是美国的决策人物无能，还是情报力量不足？是不是中了蒋介石企图进犯大陆中国，或者李承晚企图以武力统一朝鲜的圈套？为什么战争爆发时美国的战备状况如此之差？还有，只是由于一位勇敢的总统——唯有他拥有决策权，迅速做出决定，才得以挽回在自由世界面前的信誉，美国是怎么落入这步田地的？

然而，在朝鲜，事前没有发现任何明显的迹象便突然燃起了战火。1950 年，时间不允许美国在做出重大决策之前召集会议，进行辩论，通过立法程序并慎重加以批准。行动爆发时，美国正沉湎于和平之中，当清醒过来时，战争已全面展开。战争的爆发迫使那些经历了沉闷的战争岁月、刚刚成家立业的年轻人重新上阵，被飞快地直接运往战场。当时，美国一派繁荣，开始明显出现劳资和平的新时期，税收逐步减少，战时的种种限制正在取消，安定和平的局面正在形成。但是，这场战争却使美国再度出现了物资匮乏，派系斗争，流血牺牲和重重疑虑。

3. 李奇微认为朝鲜战争使美国与其他国家的关系发生了急剧的变化

在战争的整个过程中，美国遇到了一些重大问题，并就这些问题做出了决定。但是，其中有一些重大问题美国人民却一直是若明若暗。面对着是与其他自由国家一起行动，还是自己单独行动的问题，美国的结论是，美国的安全应放在集体行动的基础之上。当美国被迫在文职权威与军职权威之间进行抉择时，美国再次强调了文职权威的最高合法地位。

当突然出现必须决定是抵御侵略、还是放弃大韩民国任其遭受敌人侵略的情况时，美国选择了体面的方式，迎头抗击了侵略者。在美国历史上，第一次了解到“有限”战争的概念。

4. 李奇微认为朝鲜战争打乱了美国的全球战略

朝鲜战争之前，美国的全部军事计划都是设想要打一场席卷世界的战争，并且认为，在这样的战争中，对一个遥远而又无法设防的半岛进行防御乃是愚蠢之举。可是，朝鲜战争却使美国懂得，自此以后的一切战争必定是有限战争。今后，是否应该打有限战争已不再成为问题，问题是如何避免打任何其他种类的战争。

由于许多国家都拥有热核武器或者已经掌握了制造这种武器的技术，打无限规模的战争已经成为不可想象的事情。因为，打这种战争就意味着交战双方同归于朝鲜战争之后，美国在同朋友和潜在敌人打交道中一直受着这种看法的影响。

当时，一些有识之士曾预见到了美国人思想上的这一变化，会引起连锁反应。人们开始认识到，单凭军事力量再也不能解决诸如在越南、老挝和刚果所遇到的问题，还必须辅之以能为各有关国人民所接受的、相辅相成的政治、经济和军事政策而且应通过强有力的领导加以贯彻实施。还有一点业已清楚，即政策不能再由白宫、国务院或者国防部独家制定，那些分别在不同部门工作的文职政治家和军事专家都无法独自确定指导美国与其他主权国家交往的方针。有一点亦已清楚或者说应已清楚，即只有通过军政领导人日常的亲密无间的合作才能产生最理想的结果。政界领袖应该提出必须达成的目标，军界领袖则应分析判断使用军事手段能够取得多大成果以及如何才能最有效地运用这些手段。

只有当军政双方征询并认真考虑彼此的观点时，这种亲密无间的合作才有实现的可能。政界领导人如果机械地否决田家高级军事顾问们的重要建议便不能定下明智稳妥的决心。毫无疑问，根据美国宪法，文职政府仍然拥有最高统帅权。但是，如果政府不征询、倾听并慎重考虑经验丰富的军事顾问们的意见，那就要招致灾难。

5. 李奇微认为朝鲜战争对美国的社会生活带来一定的影响和思考

许多美国公民，他们的精力全都用在保持家庭的安康和教育子女方面，因而无暇顾及国家的情况和美国思想发生这些变化的全部意义。现在依然老是为那些轻率提出的“全面战争”“无条件投降”“彻底胜利”等陈词滥调所蒙骗，而这些口号却常常是为派系斗争的政治目的服务的。所以，无怪乎全国至今在外交政策上仍然存在着广泛的分歧，进行着激烈的辩论，思想混乱，情绪沮丧。

所幸的是，这样的人似乎正在增多——他们对于自从朝鲜战争以来，美国面临的众多变化的深刻程度和这些变化产生的重大影响或许并不十分了解，但他们还是觉察到了美国人是生活在一个提倡以新的方式思考问题和制定计划的崭新世界上。

6. 李奇微对美国部队在朝鲜半岛作战的一些具体看法。

在朝鲜战争中，地面部队所发挥的作用可以根据这样的事实来衡量：在整个战争中，美国陆军和海军陆战队的伤亡人数占美军战斗伤亡总人数的百分之九十七。是地面部队的作战行动决定了联合国军的成败，而联合国军的成败又决定了美国和联合国方针政策变化的方向。

“可以说，如果地面部队没有海空军支援，那么在战争开始之初，共产主义的浪潮就会冲击到对马海峡。另外，在 1950 年 11 月底至12月初作战的危急关头，如果不是海、空军竭尽全力支援地面部队，美国的损失本来会大得多。”

李奇微对朝鲜战争有着深刻、全面的理解。他对朝鲜战争从政治、军事、价值观念等方面论述了战争的过程和结局。其宗旨是想在一定程度上说明美国在朝鲜企图干些什么，并强调一下美国从中吸取的教训。

除了军事研究以外，研究者也开始从社会、文化、心理的角度，讨论朝鲜战争对美国所造成的影响。例如，英国学者 Rosemary Foot 在1991 年回顾20 世纪80 年代朝鲜战争研究的主要成果时，曾指出西方学者过度注意分析美、苏、中等大国的争斗状况，却忽略了探讨亚洲各国对朝鲜战争的政策，以及朝鲜战争对这些国家所造成的影响。① 随后，《美国－东亚关系》期刊（The Journal of American－East Asia Relations）在 1993 年以专刊的形式刊登了四篇有关朝鲜战争对中国、韩国、日本影响的研究论文。最近，美国蒙大拿大学曼斯菲尔德研究中心对美国在亚洲的三场战争尤其是朝鲜战争问题进行了专题研究，课题是“美国在亚洲的战争：一种文化切入”。该项目主要着眼于战争对当今美国与亚洲关系的记忆和影响，从文化的角度切入，准备收集大量的有关朝鲜战争的回忆、电影、照片、标语、歌曲、碟片等，建立一个信息资料库，并通过因特网向全世界开放这些资料。他们完全是从文化的角度来研究朝鲜战争，给后人一种启迪，可以说这是一种全新的研究方法和理念。

① Foot, Making Known the Unknown War P423, 431。

三、韩国对朝鲜战争的研究

这场发生在朝鲜半岛的战争，对韩国人来说并不陌生，但是他们对这场战争也有其自己的看法，韩国人认为，朝鲜战争首先是朝鲜军队越过三八线对韩国发动进攻引起的。

目前我们国内所能看到的关于韩国方面对朝鲜战争的论述的出版物不多，可能是因为韩国方面的观点与我们中国以及朝鲜方面所宣传的观点有所不同。由韩国国防部战史编纂委员会编写的《韩国战争史》，于1987年出版，原书共11卷，1988年由黑龙江朝鲜民族出版社编译出版中文版，全书删节压缩为五卷本，“将书名改为《朝鲜战争》，收录与中国人民志愿军抗美援朝作战有关的部分，在内部发行。目的是把它作为反面资料，供有关读者阅读和研究抗美援朝战争史时参考。”① 该书详细叙述了美国和韩国当局在朝鲜战争中所采取的政策和战略及其高级指挥人员的决策活动：具体地记述了他们在各个战役、战斗的作战企图、作战计划和详细经过，以及双方在各个战役、战斗中的得失情况；详细地记述了停战谈判的过程；同时，还阐述了50年代初的世界政治、军事形势和世界各国时朝鲜战争所持的立场，披露了当时的美国政界与军界头面人物之间以及美国与西方其他国家之间的分歧和争论。书中引用了大量的作战指示、命令、作战要图、战争日志，双方参战部队的番号、指挥官姓名、兵力等军事历史档案资料，因此，这本书对于我们全

① 《朝鲜战争》第一卷，（中译本前言），黑龙江朝鲜民族出版社1988年版，第3页。

面了解朝鲜战争中韩国方面的情况和进一步深入研究朝鲜战争史具有一定的参考价值。

20 世纪 70 年代以前，韩国学者一直支持官方的论点即朝鲜战争是中国和苏联的联合阴谋，由朝鲜实施。70 年代以后，韩国学者才积极开始对朝鲜战争的研究，他们利用西方解密的资料解释朝鲜、中国、苏联的关系，以及朝鲜战争期间的英美关系。到了 80 年代，由于受到韩国的政治环境的影响，对世界各国对朝鲜战争的研究和解释还不能完全接受，因此韩国国内的史学家对朝鲜战争的起源问题发生了很大的争执。到了 1990 年，朝鲜战争爆发 40 周年之际是韩国对朝鲜战争研究的转折点。传统观点从新公开的苏联档案来证明确实是朝鲜发动了朝鲜战争。接着，韩国与俄国、中国的关系正常化，建立了外交关系，使韩国的学者得以大量接触有关朝鲜战争的文件、资料、档案，并访问参战的有关人士，出版了许多观点相左的作品。另一方面，社会学观念也在 90 年代被引入朝鲜战争的研究。例如出生率、人口结构问题、朝鲜逃到韩国人员的动机研究、宗教与战争，等等。

对大多数韩国学者而言，发动朝鲜战争的责任归属，是朝鲜战争研究最重要的问题之一。《亚洲研究》第 31 期发表了徐相文的文章《金日成、斯大林、毛泽东在发动韩战问题上三角互动的探讨》① 一文，专门对此有过论述。韩国学者对这场战争的其他方面，如战争的进展、影响与策略评估，或朝鲜战争对政治、经济、文化、社会各层面的影响等的研究，则才刚刚起步。

① 《亚洲研究》第 31 期，香港珠海书院亚洲研究中心 1999 年 6 月 18 日出版，第 62－122 页。

四、朝鲜对朝鲜战争的研究

整个朝鲜半岛是朝鲜战争的主要战场，因此无论是朝鲜还是韩国，对这场战争都是记忆犹新的，对这场战争也有更深刻的体会。但是出于不同的社会政治制度和不同的意识形态，他们对这场战争的研究以及结论也是截然不同的。目前朝鲜对这场战争的研究只是局限于政治上的，所研究的材料也都是一个口径，即认为美国是发动朝鲜战争的罪魁祸首。

（1）朝鲜认为美国有称霸世界的政策和野心

朝鲜认为，第二次世界大战以后，美国竭力推行战争政策，这是与他们称霸世界的野心密不可分的。美国在朝鲜发动侵略战争，也是美国统治集团为实现称霸世界计划而做出的第一个冒险行为。因此。要弄清朝鲜战争的真相，应该首先说明美国统治集团的称霸世界政策。第二次世界大战的结果，法西斯德国和意大利被击溃，东方的日本帝国主义遭到败亡，世界反法西斯民主力量取得了伟大胜利。反法西斯民主力量在第二次世界大战中的胜利，给战后世界的政治力量对比带来了根本的变化。战后世界的政治力量对比，一句话，朝着帝国主义势力削弱，民主力量占绝对优势的方向发生了急剧的变化。社会主义超出一国的范围，扩大并发展成全世界的范围，几世纪以来受帝国主义压迫和掠夺的亚洲、非洲、拉丁美洲人民的反帝反殖民主义斗争高涨起来，与国际工人阶级争取社会主义的革命斗争一起登上历史舞台。与此相反，帝国主义阵营全面削弱，资本主义的经济危机进一步加深，给美国带来了巨大的恐惧。

第二次大战后，美国在军事上成了帝国主义阵营中的最大强国。直到 1939 年，美国在资本主义六大强国（美、英、德、意、日、法）之中，还未能拥有那么大的军事力量。美国陆军在资本主义世界中占第十七位，海军也次于英国。但是在第二次世界大战中，美国在盟国中间军事损失最小，又致力于军需生产，因而到战后，所有军种、兵种的武装力量都超过了别的资本主义国家。另一方面，资本主义世界的各个大小国家，不仅在战争中受莫大损失而衰弱，而且负了巨额的债务，不得不向美国乞求“援助”并依赖它。特别是第二次大战后，随着社会主义力量和民族解放力的加强和壮大以及资本主义总危机的加剧，在这些国家里出现了一种强烈的志向，要依靠变成资本主义世界中唯一强者的美国的经济、政治力量，阻挡社会主义和民族解放运动的成长壮大，企图维持资本主义世界。

国际舞台上发生的力量对比的这种变化，使美国成了世界资本主义国家的盟主，并以美国为头子重新组成了帝国主义体系。

美帝国主义以现代帝国主义的头子和世界反动的元凶出面，公然叫嚷“统治世界论”，把称霸世界政策规定为美国对外政策的总的方向，发起了全面的反动攻势。

美国妄图压制社会主义和民族解放力量的壮大，把它从内部和外部分裂、瓦解并加以消灭；在世界到处庇护和助长反动势力，镇压和扼杀民主力量；完全控制和奴役各个资本主义国家和仆从国家，确立对全世界的统治体制，这便是他们的称霸世界政策的主要内容。

（2）朝鲜认为美国阴谋把朝鲜变成他们称霸世界的前哨基地

朝鲜的这个看法，主要出于以下三个考虑：

第一，第二次世界大战后亚洲的革命力量迅速成长壮大，革命的风暴席卷了整个亚洲大陆。这样的革命风暴显然对美国是不利的，如果革命风暴席卷亚洲进而蔓延到欧洲和美洲，那么美国想称霸世界的野心也许很难实现。所以在革命的力量尚未足以强大到与美国抗衡的时候，美国先发制人，把它的目标选在亚洲的朝鲜，扼杀革命力量，维持冷战状态，便于它称霸世界。

第二，战后帝国主义列强之间的力量对比，在这个地区发生了最深刻的变化。通过两次世界大战，美国在亚洲的势力不断扩大，取代了其他一切帝国主义国家。那么美国侵略亚洲为什么首选朝鲜呢？这是因为朝鲜半岛在军事上具有良好的战略地位。朝鲜是从地理上同中国和苏联的亚洲大陆接壤的关口，又是位于离日本最近的地点的要冲，控制了朝鲜半岛，就可以打击东亚的任何地区。同时又把朝鲜看成是共产主义与资本主义之间一决雌雄的“思想战场”。1947 年，蒋介石的军事顾问魏德迈在给美国总统杜鲁门的秘密报告中说：“如果共产主义加快扩张速度，顺利地波及远东地区，那么就有可能对未实行民主的、资本主义形式的政治而心安理得的美国或其他别的国家的前途带来影响”。① 1951 年 3 月，“亚洲第一主义”的头号倡导者麦克阿瑟给美国国会参议院议员约瑟夫·马林的信中说：“欧洲的未来将取决于在亚洲同共产主义的斗争的胜负”。美国总统特使爱得温·玻利于 1946 年访问韩国和朝鲜后写给杜鲁门的信中说：“朝鲜是决定美国在亚洲的成功与否的思想战场。也就是说，我认为朝鲜是决定民主主义（美国式民主主义即资本主义——作者注）向败亡的封建主义挑战取得胜利，还是共产主义成

---

① 转引自朝鲜《美帝国主义是发动朝鲜战争的罪魁祸首》，朝鲜平壤外国文出版社 1977 年版，第 12 页，魏德迈：《魏德迈记录》第 454 页。

长壮大的一种决战场。”[①]

第三，他们认为美国在朝鲜战争中遭到军事、政治上的惨败。朝鲜领导人金日成说：“美帝国主义者在朝鲜战争中遭到了美国历史上第一次惨重的军事失败，这意味着美帝国主义已经开始走下坡路。”[②] 论据是美国在三年战争期间，向不那么大的狭长的朝鲜战场，投入了炫耀最新装备的本国陆军的三分之一，空军的五分之一，太平洋舰队的大部分和 15 个其他国家军队以及韩国军队 200 多万兵力，消耗了 7300 万吨以上的军需物资，并用尽在战争史上，人类未曾经历过的最残忍、最残暴的作战方法和各种手段进行了侵略战争。二战以后，美国以“解放者”、“援助者”的身份，在亚洲、非洲、拉丁美洲弱小国家和殖民地附属国扶植崇美思想，给人造成美国是“强大的”、“自由的”、“文明的”印象，以“自由”、“民主”和“人道主义的维护者”自居，大肆宣传美国式的“文明”。但是朝鲜战争迫使美国完全摘掉了假面具，彻底暴露了美国野蛮、残忍和狡猾的真面目。它被世界人民孤立了。

由于美国积极推行军事基地化政策，韩国仅在新中国成立后两三年期间，完全变成了美国侵略军的军事基地。这同美国所承担的国际公约上达到义务“在北纬三十八度线以南地区只解除日本军武装”是完全背道而驰的。这也就说明了美国一开始就为把韩国作为跳板控制全朝鲜而加紧进行了战争准备。《美国现代史》中这样写道：“实际上，华尔街对朝鲜人民的战争是从它的将军们踏进韩国

---

① 《杜鲁门回忆录》第二卷，三联书店出版，1974 年版，第 224 页。

② 转引自北朝鲜《美帝国主义是发动朝鲜战争的罪魁祸首》，朝鲜平壤外国文出版社 1977 年版，第 230 页，《金日成著作选集》第四卷，中文版第 265 页。

的那个瞬间即一九四五年九月起就开始的。”①

（3）朝鲜认为美国大力扶持韩国傀儡政权，对朝鲜的安全构成了威胁

日本战败后，韩国与全体人民以民族复兴的无限感激和喜悦的心情，迎接了祖国的解放，沉浸在兴奋之中，充满了热情。正当这个时候，美国企图把朝鲜变成它称霸世界的前哨基地，以“解除北纬三十八度线以南地区的日本军武装”为借口，闯进韩国，当上了殖民统治者，给朝鲜人民建设新社会的前进道路上造成了严重的障碍。美国军队在进入韩国前，在“维持韩国的治安”的幌子下，照旧保留了日本统治时期的总督统治，使日本侵略军的败将继续留任了原职。美国还禁止获得解放的韩国人民为建设自主独立国家而进行政治活动的任何自由，还多次发出布告，强迫他们接受朝鲜总督的殖民统治。

美国在韩国扶持了李承晚傀儡政权后，加紧备战，全面推进了侵朝战争准备。朝鲜把美国对朝鲜的战争与其国内的经济危机联系起来。1948 年发生在美国的经济危机使美国通货膨胀加剧，产品过剩，大批劳动力“过剩”，失业人数增加，这一切都导致了美国内外交困的危机，只有“热战”和“战争经济”才能使他们摆脱这种破坏性经济危机，所以他们必然要从国外寻找出路。对此，朝鲜领导人金日成已经看到了这一点，“美帝国主义者为了寻找摆脱这种危机的出路，已经走上了准备新的战争的道路。他们在这一目的下疯狂地进行军备竞赛，促使附属国家的经济军事化，煽动战争歇斯底里，加紧反对苏联、中华人民共和国及其他人民民主国家的宣

① 转引自朝鲜《美帝国主义是发动朝鲜战争的罪魁祸首》，朝鲜平壤外国文出版社 1977 年版，第 13 页，郝薛尔·梅厄：《美国现代史》第 148 页。

传，妄图在可能的地区发动战争。”[①] 1952 年 1 月，美国侵朝第八集团军同司令范佛里特将军说：“朝鲜是为我们祝福的：若不在那里，那就在世界的任何地方，像朝鲜这样的对象对我们还是需要的。”[②] 为此，美国在韩国做了进攻朝鲜的战争准备，首先大大扩充韩国傀儡军，建立所谓的“国防军”，然后对国防军实行装备现代化，加强其战斗力。同时，韩国统治集团想用“实力”吞并北方，制定“北伐”军事行动计划，据不完全统计资料，1947 年，韩国军警用班、排、连规模的兵力，先后侵入江原道、黄海道等 270 多次，到 1948 年，侵入三八线以北地区的韩国军警的兵力扩大到整连、整营的规模，强占江原道、黄海道等地的部分地区。韩国军警在三八线以北地区烧毁村庄和农家，杀害和绑架无辜的人民，从而在朝鲜造成社会混乱和不安。

---

① 转引自朝鲜《美帝国主义是发动朝鲜战争的罪魁祸首》，朝鲜平壤外国文出版社 1977 年版，第 63 页，《金日成著作选读》第一卷，第 327 页。

② 转引自朝鲜《美帝国主义是发动朝鲜战争的罪魁祸首》，朝鲜平壤外国文出版社 1977 年版，第 65 页，1952 年 1 月 19 日《纽约美国人日报》引《合众社》美第八军司令部讯。

第二章

朝鲜半岛问题的由来

一、朝鲜历史简述

朝鲜位于亚洲大陆东部。领土包括朝鲜半岛和周围的3300多个岛屿，面积222209平方公里。北与中国为邻，东北角与苏联相接，东南隔朝鲜海峡与日本想望，东为日本海，西为黄海。境内东西窄，南北长，东北部多山，西南部多丘陵。最大河流为汉江和大同江，此外有中朝界河鸭绿江和图们江。人口5800多万人。境内为单一的朝鲜族，通用朝鲜语。

朝鲜是一个历史悠久的文明古国。公元前后形成高句丽、百济、新罗三个封建国家。公元7世纪新罗统一朝鲜。10世纪高丽王朝取代新罗。14世纪末李氏王朝取代高丽，改国号为朝鲜。1910年被日本侵略者占领，沦为殖民地。1936年，在金日成领导下，成立祖国光复会，打击日本殖民者。1945年，世界反法西斯战争取得伟大胜利，8月15日，日本宣布无条件投降，从而结束了日本对朝鲜长达36年的殖民统治，朝鲜获得独立。随后，苏联、美国以北纬38度线为分界线分别派兵进驻朝鲜北部和南部。1945年10月10日朝鲜共产党成立。1948年8月大韩民国宣布成立，李承晚任总统，1948年9月朝鲜民主主义人民共和国宣布成立，金日成任首相。1950年6月25日，朝鲜战争爆发。美军打着“联合国军”旗号入侵朝鲜。10月25日，中国人民志愿军赴朝参战，把美军逐回三八线附近，迫使美国同意停战谈判。1953年7月27日在板门店签署《朝鲜停战协定》，朝鲜战争结束了。朝鲜民主主义人民共和国把每年的6月25日定为“朝鲜祖国解放战争纪念日”和“反美斗争日”，把7月27日定为“朝鲜祖国解放战争胜利日”。①

二、第二次世界大战结束前的世界政治格局

1945年2月，第二次世界大战已接近尾声，美国、英国、苏联三国领导人在苏联克里米亚半岛的雅尔塔聚会，讨论战后的国际政治格局及利益分配问题。在这次聚会中，美国和苏联两国首脑在雅尔塔签订了一份秘密协议，协议决定欧洲战争后共同对日本作战，双方的交换条件是：美国单独占领日本，苏联则恢复19世纪初日俄战争中俄国在远东所丧失的一切权利。对夹在远东和日本之间的朝鲜，雅尔塔文件中是这样记录的：“罗斯福总统说，在他的心目中，朝鲜要有一个苏联代表、一个美国代表、一个中国代表进行国际托管。他认为托管期也要有20年到30年。”斯大林元帅说：“托

① 《中国大百科全书·外国历史》中国大百科全书出版社（光盘版）2000年。

管期越短越好。”同时他询问是否有什么外国军队将进驻朝鲜。罗斯福总统回答说：“没有。”对此斯大林元帅表示同意。于是，在20世纪初沦为日本殖民地的一个有着5600万人口的朝鲜民族就这样在20世纪中期被另外两个大国决定了它未来的命运。①

雅尔塔会议三个月后即1945年5月，苏联攻克德国首都柏林。在苏军胜利阅兵尚未举行时，斯大林即命令从欧洲前线抽调25个师赶赴远东。这时，美国和日本在太平洋上进行着殊死的海战。当苏军在中苏边界一带已集结了近200万兵力的时候，美国已攻占了距离日本本土1000公里的冲绳岛。这样，苏联出兵远东攻击日本关东军、美国两栖登陆、苏美两国联合作战的态势已经形成。

从目前解密的美苏两国军事资料来看，在美苏联合对日作战之前，苏军参谋总部和美国参谋长联席会议都不约而同地把注意力从远东和日本延伸到了朝鲜。在他们各自拟定的作战计划中，又都不约而同地突破了两国首脑在雅尔塔达成的国际托管形式。1945年8月2日，在对日本联合作战的前一周，美、英、苏三国首脑再次聚会于德国柏林近郊的波茨坦，讨论了战后的世界格局，发表了《波茨坦公告》，最后通牒日本无条件投降。这时，苏军总参谋长才通知美国，苏联对日宣战后将进攻朝鲜。其实。那时美国已授权太平洋战区司令麦克阿瑟把韩国首尔和日本东京等同对待，首先加以占领。8月5日，美国总统杜鲁门在从波茨坦返航的“奥古斯塔”巡洋舰上下了一道命令。当夜，三架B－29重型轰炸机从太平洋上一个叫提尼安的秘密基地起飞，冲向日本。在其中一架飞机上，美国安放了一颗在此之前无人知晓的新式炸弹，这就是原子弹。美国想

① 有关内容取材于冯志华撰稿的《抗美援朝战争》纪实片，中国康艺音像出版社1998年出版。

借一两颗原子弹的威慑震撼日本无条件投降。美国投下这颗原子弹的时间比波茨坦会议拟定的苏军对日本发起进攻的时间提前了整整半个月。美国甚至希望拒绝苏军的对日参战，以致拒绝苏联与它均沾远东的利益。在波茨坦会议上，双方的军事代表在地图上划出的两军的分界线是一条横穿中国满洲的红线，规定红线以北是苏军接受日本投降的地区，这一地域不包括朝鲜，朝鲜被空了出来。

8 月 6 日上午 9 点，美国第一颗原子弹降落在日本广岛，三天后即 8 月 9 日，第二颗原子弹又降落在日本长崎。日本没有投降。同一天，苏联 200 万大军从三个方向上越过中苏中蒙边界向日本关东军发起总攻。

三、三八线的确定

1945 年 8 月，美国相继在日本广岛和长崎扔下了两颗原子弹，苏联 200 万大军也向日本关东军发起了总攻，日本即将崩溃的迹象已渐显现。此时，美国陆军部作战部的参谋人员奉命立即起草接受日本投降的程序的总命令。起草人是一名叫波尼斯迪尔的上校军军。在那天深夜，他仅有 30 分钟时间起草第一段落，因为总参谋部和国务院、陆军、海军协调委员会正急切地在白宫等待着批准这一命令。当时，波尼斯迪尔上校非常清楚，苏联军队可以在美国军队未到之前完全占领朝鲜全境，因为距离朝鲜最近的美国军队也在 1000 公里以远的冲绳岛。美国所面临的问题是如何在朝鲜半岛拟定一个苏联人能够接受的军事分界协定，而又能阻止他们独吞整个朝鲜。开始他设想，受降界线以朝鲜的行政区域划分，但是他办公室的墙上只有世界地图。于是这位上校军官看着地图，注意到北纬三十八度线差不多正好从朝鲜中部穿过，一半对一半，无论杜鲁门还是斯大林都应该乐于接受。

于是，波尼斯迪尔上校把三十八度线作为受降区域的分界线写进了第一号总命令中。8 月 11 日凌晨，当这个“三八线”草案送达白宫讨论时，苏联海军已经在朝鲜北部的元山港登陆了。[①]

8 月 15 日，由于东西半球的时间差，美国总统签署的接受日本投降的总命令早于日本天皇的投降诏书提前发布。华盛顿等待着对美国命令的反应，令白宫庆幸的是，克里姆林宫第二天即发来回电，没有对三八线受降方案提出任何异议。这样，美军先遣队才得以在 20 天后依次在朝鲜半岛登陆。与他们所预料相反，苏联人没有占领韩国首都首尔，严格遵守美国人提出的三八线方案。美苏两军在朝鲜半岛的三八线上胜利会师。从此，朝鲜半岛被拦腰切断。

三八线是一条由军事分界线演变成的国家分界线，这也许是世界上最荒谬的分界线。它不是按照山川、河流走向、传统习惯的沿袭以及行政管辖范围而划分的，它是按照地球仪上的经度和纬度在地球上划出的一条界线。它横贯朝鲜半岛，人为地把一个高丽民族分割成两个截然不同的国家。历史学家认为，正是它引起了朝鲜战争，政治学家认为，可能正是它还要源起一场朝鲜半岛的战争危机。

---

① 有关内容取材于冯志华撰稿的《抗美援朝战争》纪实片，中国康艺音像出版社 1998 年出版。

四、第二次世界大战后的朝鲜局势

1945 年 9 月开始，美国陆军在朝鲜南半部接受日本军队投降。随后美国把流亡在中国重庆的朝鲜临时政府运送回国。但每个回朝鲜的人都要签署一份拥戴美国占领军的声明。①

早一步进入朝鲜的苏联军队这时已封闭了三八线以北地区。随苏军入朝的是数以万计的抗日期间在苏联居住、学习的朝鲜流亡者。三个月以后，美国仍然坚持它的国际托管原则。12 月下旬，美国促成与英国、苏联三国外长在莫斯科制定的一个包括中国在内的四国对朝鲜进行为期三年的托管协议。消息传到朝鲜，南方发生了骚乱。美国占领军进行了残酷的镇压。朝鲜人开始把美国看成是第二个日本。在同一时间里，朝鲜北方实施了土地改革，一百万农民第一次获得了自己的土地，他们由衷地感谢受到苏联政府帮助和支持的朝鲜政府。这时，苏联开始撤出了大部分驻军。这样一来，整个 1946 年期间，在朝鲜比较被动的倒是美国。美国占领军成了韩国人民反抗新的外国统治者的目标。为此，韩国政府颁发了军事管制法，但这样更加激发了频繁的暴乱。

1947 年，美国开始改头换面，它以一个新的面貌出现，这就是 1945 年在美国华盛顿成立的联合国组织。10 月份，美国在联合国提出议案，建议于次年 3 月 31 日以前朝鲜南北同时进行选举，由联合国监督，建立统一的朝鲜，议案被通过。

---

① 有关内容取材于冯志华撰稿的《抗美援朝战争》纪实片，中国康艺音像出版社 1998 年出版。

1948 年 5 月，联合国派员坐镇朝鲜，开始进行选举。朝鲜宣布既不参加也不承认选举结果。8 月 15 日，韩国单方面选举了李承晚为大韩民国的总统，联合国随即接纳它为联合国成员国。美国太平洋战区司令麦克阿瑟亲自去首尔参加李承晚的就职典礼。不到一个月，9 月 9 日，北方选举了金日成为朝鲜民主主义人民共和国的主席，苏联及东欧社会主义国家立即予以承认。一个有着近两千年文明史的民族，有着 1200 年统一史的国家就这样在一个月之中分裂成两个互相仇视的敌国。

第二次世界大战后，世界有两个国家落下如此命运，一个是战败国德国，一个就是亚洲的朝鲜。

1948 年 12 月 31 日，苏军全部撤出了朝鲜。半年之后，1949 年 6 月 30 日，美军全部撤出了韩国。这时，朝鲜半岛一下子被抽成了真空。两个大国留下了两个互相敌对的政权，任何外部压力都会使之破裂。朝鲜半岛的战争正是来源于此。

第三章

朝鲜战争的爆发及战争的两个阶段

一、朝鲜战争的爆发

从已经解密的美军军事情报中可以看出，1950 年初美国在加紧向南朝鲜调运军事装备时已经注意到三八线以北的异常动态。美国陆军部二处在开战前一个月即 1950 年 5 月份的情报中指出，三八线以北两公里范围内所有居民已经疏散，铁路的民运、货运业务已全部停止，仅供军需运输。边境地区有大批武装部队集结。从远东司令部谍报处的情报中已经明显判明，入侵南朝鲜的事件可能从三四月份推迟到 6 月。而这时，美国人做了一个使南朝鲜人大为震惊的举动。1950 年 1 月 12 日，美国国务卿艾奇逊在华盛顿国家新闻中心发表演说时，阐明美国在远东的防御战略把朝鲜半岛和中国的台湾划在了美国的防卫线之外。① 当时，许多西方战略家认为这等

① 见冯志华撰稿的《抗美援朝战争》纪实片，中国康艺音像出版社 1998 年出版。

于明白无误地告诉苏联和朝鲜，可以放心大胆地去占领“大韩民国”，于是，朝鲜半岛的局势更趋紧张。但是今天，历史学家为美国当时这样做正是为了缓解远东的紧迫压力，才抛出了韩国和“台湾”。

1950 年 6 月 25 日凌晨 4 点，朝鲜战争打响了。上午 9 点，朝鲜向全世界播发了一条电讯，韩国国防军于 6 月 25 日拂晓在三八线全线地区向三八线以北发起了出其不意的进攻。朝鲜民主主义人民共和国内务部也命令共和国警备队击退进攻三八线以北地区的敌人。

朝鲜战争爆发的时间是 6 月 25 日，而就在 6 月 18 日，一个名叫杜勒斯的美国共和党外交发言人到韩国视察，他在三八线上举起望远镜向北方窥视，这一切都被拍成了新闻照片，7 天之后，战争突然爆发了，这个镜头被很多国家的报纸所登载，被认定是美国发动了这场战争的确凿证据。战争爆发三年后，杜勒斯成了美国国务卿。美国政府事后解释说，当时杜勒斯是赴日本东京与麦克阿瑟讨论对日和约问题的，顺道访问首尔时被邀请到三八线看一看。有记者和学者说，没想到他第一个代表美国卷入了朝鲜战争。

二、朝鲜战争的第一阶段：战略反攻

从 1950 年 10 月出兵援助朝鲜到 1953 年 7 月签订《关于朝鲜军事停战的协定》，整个抗美援朝战争，大体可分为两个阶段：1950 年 10 月 25 日至 1951 年 6 月 10 日为第一阶段，实行战略反攻，通过五次战役，扭转了战局；第二阶段，战略防御，边打边谈，最后，迫使敌人在板门店签订了停战协定。在整个抗美援朝期间，大至决定出兵援朝、对战争目标的确定、志愿军参战部队的组成及出动的时间、志愿军司令员的任命，小至每一次战役的方针和部署、战术的运用、兵刀的使用，我军阵地的构筑和防守，等等，毛泽东均给予了直接的指导。从《毛泽东军事文集》第六卷公布的文件看，作战期间，毛泽东与前线将领的往来电文达上百份之多。

中国人民志愿军出国作战初期，朝鲜战场上敌我双方的军事力量对比是悬殊的。敌人的总兵力近 70 万人，其中美军约 41 万人，李承晚军约 24 万人，其他国家军队 4 万多人，海军舰艇 270 艘，飞机 1000 多架。我军既无飞机，又无军舰，坦克、大炮也很少，主要的武器是步枪和手榴弹。在党中央和毛泽东的正确指示下，中国人民志愿军在朝鲜人民的全力支援下，与朝鲜人民军并肩作战，从 1950 年出月 25 日至 1951 年 5 月下旬，连续进行了五次大规模的攻势战役。

第一次战役，中国人民志愿军第一批先头部队刚刚跨过鸭绿江，即与李承晚军发生遭遇，当时敌人乘着汽车、坦克追击朝鲜人民军，先头一部已抵鸭绿江。中国人民志愿军立即改变原先行军部署，利用我军特有的灵活机动，在北镇云山地区消灭了李承晚军一部，打退美军和李军的追击。而敌人还不清楚是与谁在打。中国人民志愿军秘密入朝后，经过快速、周密而隐蔽的准备，于 10 月 25 日集中 6 个军兵力发起了第一次战役，以一部在东线阻击敌人，主力集中于西线，在清川江以北抓住了可以在运动中歼敌的良机，予敌以歼灭性的打击。到 11 月 5 日，经过 12 昼夜的激战，歼敌 15800 余人，将敌人从鸭绿江边赶到清川江以南，粉碎了敌人迅速占领全朝鲜的企图，开始稳定了朝鲜战局。在第一次战役中，为了迷惑敌人，奉毛泽东的指示，志愿军各部派遣出侦察队均伪装成朝鲜人民军，而不称为中国人民志愿军。为保守秘密，志愿军实行了彭德怀提出的“以军和师分途歼灭敌之一个团和两个团，求得第一战役中数个战斗歼灭敌一两个师，停止敌乱窜”的作战方针。由于我方隐蔽工作做得好，也因第一次战役中消灭敌人不多，我军实力尚未完全暴露，直至10月30日，志愿军已全部到齐展开，敌人对我方情况仍不甚明了，只模糊地知道我军有4万至6万人。[①] 从10月21日开始部署第一次战役，到11月5日第一次战役结束，毛泽东与前线将领的往来电文达三四十次之多，可见毛泽东对志愿军出国第一仗之重视。

第二次战役，从1950年11月25日至12月24日。第一次战役结束不久，毛泽东即于11月9日致电彭德怀、邓华（志愿军副司令员兼副政治委员）等，同意志愿军下一步的作战方针和部署，并要求：“争取在本月内至12月初的一个月内东西两线各打一二个仗。”敌人与我志愿军发生遭遇战后，认为这是中国“象征性出兵”、“兵力不足”，仍然迷信他们的“海空优势”，叫嚣“打到鸭绿江，回去过圣诞节”。毛泽东、彭德怀抓住敌人对我军力做的错误估计，采取了故意示弱，纵敌、骄敌和诱敌深入的战术，以小部兵力与敌保持接触，主力控制在北镇东西地区，利用有利地形，隐装构筑反击阵地。11月14口，敌人集中了他们在朝鲜战场上可以动用的全部兵力20万人，发动了所谓“圣诞节前结束朝鲜战争的总攻势”。志愿军按照预定部署，以小部队节节抗击，引敌深入。待敌进至我预定战场反击阵地前沿后，志愿军投入9个军的兵力，

---

① 《毛泽东军事文集》第六卷，军事科学出版社1993年版，第181页。

于25日突然展开强大的反击，“以小部插入敌军后方，我兵力、火力预先适当配备，以排山倒海之势冲入地阵，用手榴弹、刺刀与敌短兵混战，使敌优势火力不能发挥，我军奋勇冲击，打得敌军人翻马倒，车辆横七竖八，阻塞于途。”① 27日，敌全线动摇，纷纷溃退。仅仅经过五天激战，美敌所大肆吹嘘的“总攻势”，就一变而为“总退却”。我军两路衔尾猛追，12月6日收复平壤，把敌人赶回三八线。这一战役歼敌36000余人，“报销了敌军汽车六千辆以上，坦克、炮车千数百辆。但这些装备，被敌大量凝固汽油弹所烧毁，故缴获只是小部。”② 此役收复了朝鲜北部广大地区，迫敌退到三八线以南转入防御，扭转了朝鲜战局，奠定了整个战争向我有利的发展的基础。

第三次战役，从1950年12月31日至1951年1月7日。敌人退到三八线后，从西起临津江口，东至海岸的400余里正面，140里纵深，建立了三道防线，企图固守，阻止我军前进；同时操纵联合国通过所谓“停火”建议，妄想骗得喘息机会，再行北犯。中国人民志愿军和朝鲜人民军经过严密侦察，乘敌人还未调整妥当，来不及做好新的部署，于1950年12月31日发起强大的新年攻势，一举突破三八线，接着像狂涛怒浪般杀向纵深，连续突破敌人三道防线，夺取首尔，飞渡汉江，收复仁川港，将战线推至三十七度线。这时，敌人企图引诱我军主力深入韩国，其“机械化部队每天只退三十公里，恰是我军一夜行程”，以便故技重施，从我军的侧后海岸登陆，进行夹击。为此，敌人作了新的部署，他们“从日本和国内抽调之新生兵力，共约四个师，集结洛东江预设防线，从欧洲抽

① 《彭德怀自述》，人民出版社1998年版，第260页。

② 《彭德怀自述》，人民出版社1998年版，第260页。

调老兵补充；从东线咸镜方面撤退之兵力，亦集结于洛东江。”彭德怀敏锐地识破了敌人的诡计，加以考虑到我军的实际困难，“志愿军入朝后，连续经过三次大战役，又值严冬，历时三个月，既无空军，又缺高射炮掩护，敌人利用飞机轰炸，长射程大炮昼夜轰击。我在白天根本不能通行，也未曾休息一天，疲劳之甚可想见。运输线延长，供应非常困难。战斗的和非战斗的减员，已接近部队的数，急需休整补充，准备再战。”① 因此指示部队断然停上追击，以保持主动。这一战役历时一星期，歼敌19000余人。这时，我志愿军已有三个军进入汉江以南，接近三七线，主力位于汉江以北三八线及以南地区休整待机，构筑工事，以防敌反攻，并准备长期作战。

第四次战役，从1951年1月25日至4月21日。敌人连吃三次败仗后，为了挽回颓势，稳定内部的恐慌情绪，又投入23万兵力，在汉江南岸向我发起反攻，妄图再把战火烧到三八线以北。从1月25日起，我军在汉江两岸展开了惊天动地的阻击战，二三月间，彭德怀回北京向毛泽东报告了朝鲜战况并请示战略方针，说明朝鲜战争不能速胜，毛泽东因此指示“能速胜则速胜，不能速胜则缓胜”，这就有了一个机动而又明确的方针。根据这一方针，在大量歼灭了敌人之后，彭德怀令志愿军主动撤出汉江两岸。敌人虽然推进了100多公里，占领三八线以北一些地区，但损失惨重，被歼78000多人，超过前三次总和。最后，敌我双方在开城、连川、华川、麟蹄、杆城一线形成对峙。杜鲁门为了推脱战败的责任，下令撤去了麦克阿瑟联合国军总司令、驻日占领军最高统帅、远东总司令、远

① 《彭德怀自述》，人民出版社1998年版，第261页。

东美国陆军统帅等 4 个职务，让李奇微来接替，继续指挥侵朝战争。

第五次战役，从 1951 年 4 月 22 日至 5 月 21 日。敌人在连遭 4 次惨重打击并撤换了最高指挥官后，重新策划在我军侧后海岸登陆，在元山，安州一线建立所谓“朝鲜蜂腰部的新防线”。为了粉碎敌人的这一阴谋，我军于 4 月 22 起发起了春季反击战。这次战役分为两个阶段。第一阶段，我军在东起杨口、西至汶山的漫长战线展开反击，连续突破敌人的防线，一直打到议政府和春川以南地区。第二阶段，东线我军在西线和中线的配合下，大举反击，一直追击到江陵以北，在县里地区创造了一举歼敌两个师的辉煌战绩。这次战役歼敌 46000 余人，粉碎了敌人建立新防线的计划，在整个战线上将敌军逐退了 50 至 70 公里，赶回到三八线附近。此次战役中志愿军所遭受的损失，是入朝以来的第一次大的损失。据彭德怀回忆说，第五次战役期间，我方“有一个军进得过远（接近三七线），接济不上，粮食异常困难，撤回时很疲劳；还有一个军之一个师，在转移时，部署不周，遭敌机和机械化兵团包围袭击，损失 3000 人。”①

这五战五捷，中国人民志愿军和朝鲜人民军共歼敌 19 万余人，其中美军 8 万余人，把敌人从鸭绿江边打回到三八线，从根本亡扭转了战局，迫使敌人由战略进攻转入战略防御，为进行停战谈判和取得抗美援朝的最后胜利奠定了基础。这五战五捷的胜利，无不渗透着毛泽东亲自指示的日日夜夜的功勋，这犹如当年在西柏坡抓三大战役一样。

① 《彭德怀自述》，人民出版社 1998 年版，第 262 页。

三、朝鲜战争的第二阶段：战略防御

经过了五次战役后，战线已经基本上稳定在三八线附近，至此，联合国军仍占据着海空优势，并掌握了志愿军的弱点，志愿军则开始得到苏联的现代化武器，火力明显增强，又有大批的部队可以分批投入，“轮番作战”，而且我军阵地已开始形成，并逐渐巩固起来。随着坑道纵深工事的构筑，地面防御战转变为地下固守防御战。抗美援朝战争从此进入双方长期对峙的第二阶段。这一阶段的特点是谈谈打打，边打边谈，以打促谈。

中国政府在派志愿军入朝，从军事上抗击美国侵略的同时，又在外交战线上同美国展开了尖锐复杂的斗争。当中国人民志愿军秘密入朝，并出其不意地打胜了第一次战役后，麦克阿瑟一面对我实施军事报复，一面以联合国军总令部名义向联合国安理会提出《特别报告》，污蔑中国人民志愿军出国并援朝是外国干涉。针对美国的行为，中国政府通过各种方式阐明中国抗美援朝行动的正义性，控诉美国对我国台湾的侵略，坚决反对美国对我国的污蔑，并多次声明中国和平解决朝鲜问题的主张，前提是外国军队一律撤出，朝鲜问题由朝鲜人民自己解决，1951 年 1 月，周恩来建议在中国举行七国会议，讨论谈判解决朝鲜战争问题。

美国在沉重的军事打击和全世界人民反对侵略、保卫和平的强大的舆论压力下，在整个战局事实已成胶着状态的情况下，开始考虑体面地结束战争，接受了苏联代表在联合国提出的关于谈判停火与休战的和平建议，要求同我方谈判。朝鲜人民军总司令金日成和中国人民志愿军总司令彭德怀联名给联合国军总司令李奇微复文，表示同意谈判，并建议谈判在开城举行。7月10日，中国人民志愿军和朝鲜人民军代表团同联合国军代表团，在三八线以南的开城举行停战谈判。美国虽主动提出谈判，但并无诚意，它妄图在谈判桌上攫取在战场上得不到的东西，同时又在战场上伺机进犯，对我军施加所谓“军事压力”，妄想迫使我方屈服。①

根据朝鲜战场形势的新发展，毛泽东制订了“持久作战，积极防御”② 的战略方针。针对前一阶段时美作战的情况，“一般包围美军一个团，全部歼灭要2天时间，原因是我军技术装备太落后，他的空军和地面机械化部队拼命救援。……一般夜晚包围不能歼灭时，第二日白天他就有办法救援出去。”③ 毛泽东指示志愿军，对美军作战的口子不能张得太大，提出了“零敲牛皮糖”的作战原则，他认为“在目前敌人冒进情况下，是最有利于我捕歼敌人的机会”，“要求我军每一个军在一次作战中，歼灭美英土（土耳其）军一个整营，至多两个整营，也就够了。”并指示：“在目前，多打小规模的歼灭仗，削弱敌人，降低敌人的士气，逐渐地进行打大规模的歼灭仗。”④ 对于谈判期间敌军可能对我之攻击，也作了充分的估计，指示我军要做好对付敌军攻击的准备，要作给敌人以大量消耗和歼灭后才能和下来的打算：“我前方部队，必须鼓励士气，继续英勇作战，千万不可有丝毫的松懈，不要作此次可以和下来的打算，而应作此次和不下来、还须继续打、还须给敌人以大量的消

① 见杨奎松：《苏联、中共因应酣战之背景及利弊剖析》，《近代中国》（台湾）第137页。

② 《毛泽东军事文集》第六卷，军事科学出版社1993年版，第295页。

③ 《彭德怀自述》，人民出版社1998年版，第262页。

④ 《毛泽东军事文集》第六卷，军事科学出版社1993年版，第282、292页。

耗和歼灭，然后才能和下来的打算。只有我们作了此种打算。才于争取最后胜利有益处，否则是没有益处的。”① 根据毛泽东的指示，我军以革命的两手对付美帝的反革命两手：一方面以坚定的耐心和努力，谋求谈判达成协议；另一方面不断地粉碎敌人的“军事压力”，以打击其气焰，使敌人在战场上得不到的东西在谈判桌上也得不到。于是，在朝鲜战场上，出现了长达两年零一个月的长期对峙，展开了打打谈谈，以打为主的军事与政治相交织的斗争。

首先，是在军事分界线问题上的谈谈打打。谈判开始后，美国以其海空军优势为理由。蛮横无理地提出要索取所谓的“海空军优势的补偿”，要中朝部队从当时实际控制地区后撤 12000 余平方公里，把分界线划在三八线以北地区，企图不打一抢而占领 12000 余平方公里的土地，这种无理要求遭到了中、朝政府的严正拒绝。于是，美方向我军发起进攻，甚至发出“让飞机大炮去辩论吧”的狂妄叫嚣，企图用武力来得到在谈判桌上得不到的东西，谈判陷于中断。

1951 年 8 月 18 日，敌军以 8 个师的兵力，在东线向我军发动厂所谓“有限度的夏季攻势”，经一个月的激战，我军粉碎了敌人的“夏季攻势”，9 月 29 日，敌军又在西线和中线向我军发动了“秋季攻势”，施展所谓“钢铁战术”，向我军阵地疯狂进犯。在敌人浓密的炮火攻击下，我军依托纵深的坑道工事，英勇抗击，逐山争夺，寸土必争。12 月 22 日，我军粉碎了敌人的“秋季攻势”。夏秋两次反击战，歼敌 25 万，超过了前 5 次战役歼敌数的总和。这期间，我们在横贯朝鲜半岛中部 250 余公里的战线上，构筑了以

① 《毛泽东军事文集》第六卷，军事科学出版社 1993 年版，第 295 页。

坑道为骨干的铜墙铁壁般的防御体系——亘古未有的地下长城，以顽强的阵地防御挡住了敌人的进犯，并利用坑道工事进行阵地进攻战，对敌人实施了毛泽东指示的“零敲牛皮糖”的战术，削弱了敌人的战斗力，把战线稳定在三八线附近。

敌人在向我前线发动攻势的同时，从 1951 年 7 月起，又凭借它的空军优势，发动了旨在摧毁我军后方和运输补给线的所谓“绞杀战”，他们以成千上万架次飞机，成千上万吨炸弹，日夜不停地对我军后方的一切设施和铁路、公路、桥梁狂轰滥炸，在我铁路线上平均每七米就投下一枚炸弹。敌人的“绞杀战”对我军后方和运输补给线造成了严重的威胁，进而影响到我前线部队的作战。“大军未动，粮草先行”是兵家常识，在敌人飞机轰炸的情况下，后勤补给就更为重要，彭德怀在入朝作战初期曾对一位将领说：“打仗，我看一半是打后勤，在朝鲜作战和在国内不一样，国内我们和蒋军打仗，可以缴获敌人，可以取之于民。在朝鲜就不同了，人地生疏，语言不通，而且，朝鲜老百姓已被美伪军抢掠一空，所以，后勤补给要立足于从国内解决。”① 为了保证前线将士的供给，提高我军的战斗力，我后勤战线上的指挥员和铁路公路员工，在“以重点对重点，以机动对机动”的方针下，以无比的英勇、无穷的智慧，在弹片横飞、盛暑严寒中，迎着激流和冰水，日夜抢修被炸毁的铁路、公路和桥梁，组成了一条炸不烂、打不垮的钢铁运输线，我年轻的空军部队也积极参战，勇敢地迎击美国空中强盗，敌人煞费苦心的“绞杀战”终于未能达其目的。

敌人在战场上失败后，于 10 月 25 日回到谈判桌上来，这次谈

---

① 转引自叶雨蒙《黑雪——出兵朝鲜纪实》，作家出版社 1989 年 1 月版，第 220 页。

判改在开城南我军防区的板门店举行。11 月 27 日，双方就军事分界线达成协议，敌人不得不接受我方提出的“以实际接触线为军事分界线”的方案，双方军队各由此线后退 2 公里，作为非军事区。

接着，是在客观停火和休战的具体安排上的斗争。美方不甘心于军事分界线问题上的失败，便在保证停战的监督问题上进行破坏。中朝方面提出了有利于朝鲜问题和平解决的 6 项公平合理的原则，但美方一个也不愿意接受，并蛮横无理地坚持其干涉朝鲜内政的主张。美方的无理要求遭到中朝方面的驳斥后，又企图以军事压力迫我屈服。为此，它加强了地面小股部队的窜犯活动，空袭和炮袭也更加频繁。我军依靠坚固的阵地，进行顽强反击，迅速猛烈地击退了敌人的每次窜犯。自 1951 年 12 月到 1952 年 8 月，我军歼灭敌人 11 万余人。从 1952 年 9 月 18 日起，中国人民志愿军第一线各军和朝鲜人民军又对敌军全线展开了战术性的反击作战，在 1 个月内，歼敌 3 万余人。取得了军事上的重大胜利。

为了迫使我方屈服，美方除了武力打击外，竟然违背国际公法，从 1952 年 1 月起，施行了灭绝人性的细菌战。中朝两国军民紧急动员，展开了轰轰烈烈的反细菌战斗争，组织了联合防疫委员会，领导防疫卫生运动，捕打带菌毒虫，灭鼠灭疫，胜利的粉碎了敌人的细菌战。同时，我方在掌握了敌人进行细菌战的大量确凿证据后，举行公开展览，并邀请国际科学委员会、国际民主法律工作者协会进行实地调查，向全世界揭露了美国的滔天罪行。美国在道义上遭到了全世界人民的谴责，1952 年 4 月 28 日，“细菌将军”李奇微下台，由克拉克接替他的联合国军总司令职务。

美国在军事上、道义上都输给我们后，只好又回到谈判桌上。1952 年 6 月 7 日恢复停战谈判。8 月 5 日，谈判双方参谋人员对停战协定草案的文字细节在实质上达成了协议。至此，朝鲜停战谈判除遣返战俘问题外，已全部达成协议。前一日，即8月4日，毛泽东在中国人民政治协商会议第一届全国委员会常务委员会第38次会议上，对抗美援朝战争做了总结，提出了“边打，边谈，边稳”的6字方针。他说：

“去年这一年，我们是边打，边谈，边稳。

朝鲜战争的局势，去年七月以后定下来了。现在我们的部队减少了，但是装备加强了。

这次战争，我们本来存在三个问题：一、能不能打；二、能不能守；三、有没有东西吃。

能不能打，这个问题两三个月就解决了，敌人大炮比我们多，但士气低，是铁多气少。

能不能守，这个问题去年也解决了。办法是钻洞子。我们挖两层工事，敌人攻上来，我们就进地道。有时敌人占领了上面，但下面还是属于我们的。等敌人进入阵地，我们就反攻，给他极大的杀伤。我们就是用这种土办法捡洋炮。敌人对我们很没有办法。

吃的问题，也就是保证给养的问题，很久不能解决。当时就不晓得挖调子，把粮食放在洞子里。现在晓得了。每个师都有三个月粮食，都有仓库，还有礼堂，生活很好。

现在是方针明确，阵地巩固，供给有保证，每个战士都懂得要坚持到底。

究竟打到哪一年为止，谈判到什么时候？我说，谈还是要谈，打还是要打，和还是要和。”①

---

①《毛泽东军事文集》第六卷，军事科学出版社1993年版，第316－317页。

关于战俘的安排问题，是停战谈判过程中争论最激烈的问题。分歧在于：中朝方面主张按国际法的有关规定全部遣返战俘，而美方力谋扣留中朝方面战俘。在谈判双方已在实质上达成了协议后，美方又滋生事端，在战俘问题上无理阻挠和破坏停战谈判。于是，敌我双方又进行了近1年的谈谈打打。为了合理解决遣俘问题，我方提出双方全部战俘在停战协定生效后，一律送至非军事区内双方协议的交换地点交给对方接收，但美方拒绝我们的提议，顽固坚持所谓"自愿遣返"而实际上是扣留中朝被俘人员的荒谬主张。期间，美方在战俘营中利用蒋介石、李承晚派出的特务，以毒打等强迫手段，令中朝被俘人员写血书、刺字表示"拒绝遣返"。1952年10月8日，美方片面宣布朝鲜停战谈判无限期休会。紧接着，就向我军发动了一场大规模的现势——上甘岭战役，企图打一胜仗，打破已达成的协议，挽回美国丢失的威信与面子。

1952年10月14日，敌人向我上甘岭阵地发动了大规模的进犯，妄想夺取上甘岭，拿下五圣山，在我军战线中央打开一个缺口，分割我防御体系，逼我后退。在这次进犯中，敌人孤注一掷，在我军只有两个连据守的不到3.7平方公里的阵地上，先后投入了4个师6万人以上的兵力，动用了18个炮兵营，出动了3000多架次飞机和17辆坦克，发动了900多次冲击，倾泻了190万发炮弹和重型炸弹。以致我军阵地山头被削低了2米，岩石被炸成了1米多厚的粉末，许多坑道被打短了五六米。战斗空前激烈而残酷。敌人虽然使用了世界战争史上前所未有的最密集的炮火，但打不破我军的钢铁防线。上甘岭战役是坑道工事充分发挥其优势作战的典型战例。我坚守上甘岭阵地的部队，在强大的火力支援下，依托着以坑道为骨干的阵地，发挥了高度的革命英雄主义精神，与敌人进行了无数次的争夺战，经过持续 43 天的鏖战，歼敌 25000 余人，我军阵地岿然不动。举世闻名的上甘岭战斗的胜利，标志着朝鲜战场上的一个新的变化，它充分表明我军能攻能守，能打持久的阵地攻坚战，掌握战场的主动权。上甘岭战役后，敌人从正面以打破对峙局面的企图已完全破产。

1953 年 1 月，共和党人艾森豪威尔就任美国总统，2 月 2 日，他在向国会提出的咨文中，宣称要用军事办法结束朝鲜战争，并唆使台湾国民党军队对中国大陆东南沿海地区进行登陆进攻，以配合美国在朝鲜的军事冒险。2 月 3 日，他又同派兵参加“联合国军”的 15 国代表策划对中国实行封锁。2 月 7 日，毛泽东在政协一届四次公议上，针对艾森豪威尔扩大战争的言行，声明：“抗美援朝的斗争必须继续加强。我们是要和平的，但是，只要美帝国主义一天不放弃它那种蛮横无理的要求和扩大侵略的阴谋，中国人民的决心就是只有同朝鲜人民一起，一直战斗下去。这不是因为我们好战，我们愿意立即停战，剩下的问题待将来去解决。但美帝国主义不愿意这样做，那么好吧，就打下去，美帝国主义愿意打多少年，我们也就准备跟它打多少年，一直打到美帝国主义愿意罢手的时候为止，一直打到中朝人民完全胜利的时候为止。”① 针对敌人企图在我军侧后海岸线冒险登陆的阴谋，我军在东西海岸线开始了构筑坚固阵地的浩大工程，准备迎击敌人任何规模的战争。由于我军严阵以待，敌人阴谋无法得逞。与此同时，艾森豪威尔从总的战略出发，政策开始松动。1953 年 2 月 22 日，联合国军总司令克拉克致信朝鲜人民军最高司令官金日成和中国人民志愿军司令员彭德怀，

---

① 《毛泽东军事文集》第六卷，军事科学出版社 1993 年版，第 341 页。

提出交换病伤战俘的建议。3 月 28 日，金日成、彭德怀联名复函克拉克，同意双方先行交换病伤战俘并建议立即恢复停战谈判。3 月 30 日，中华人民共和国政务院总理兼外交部部长周恩来，发表关于朝鲜停战谈判问题的声明，说：

“中华人民共和国中央人民政府和朝鲜民主主义人民共和国政府在共同研究了联合国军总司令克拉克将军于 1953 年 2 月 22 日提出的关于在战争期间先行交换双方病伤战俘的建议之后，一致认为根据 1949 年日内瓦公约第 109 条的规定，这一问题完全可以得到合理的解决。关于交换病伤战俘问题的合理解决，对于顺利解决全部战俘问题显然具有极重大的意义。因此，我们认为，解决全部战俘问题以保证停止朝鲜战争并缔结停战协定的时机，应当说是已经到来了。

中华人民共和国政府和朝鲜民主主义人民共和国政府一致主张，朝鲜人民军和中国人民志愿军的停战谈判代表应即与联合国军停战谈判代表开始关于在战争期间交换病伤战俘问题的谈判，并进而谋取战俘问题的通盘解决。

现在联合国军方面既然建议按照日内瓦公约第 109 条的规定，解决在战争期间先行交换病伤战俘问题，我们认为，随着病伤战俘问题的合理解决，只要双方都真正具有互相让步以促成朝鲜停战的诚意，全部战俘问题的顺利解决，是完全应当的。

关于战俘问题，中华人民共和国政府和朝鲜民主主义人民共和国政府一向认为，现在仍然认为，只有根据 1949 年日内瓦公约规定，特别是该公约第 118 条的规定，停战后战俘即予释放并遣返，不得延迟，才是合理的解决。但是鉴于双方在这个问题上的分歧是目前达成朝鲜停战的唯一障碍，并且为满足世界人民的和平愿望，中华人民共和国政府和朝鲜民主主义人民共和国政府本着一贯坚持的和平政策，本着一贯努力于迅速实现朝鲜停战，争取和平解决朝鲜问题，以维持和巩固世界和平的立场，准备采取步骤来消除在这个问题上的分歧，以促成朝鲜停战。为此目的，中华人民共和国政府和朝鲜民主主义人民共和国政府提议：谈判双方应保证在停战后，立即遣返其所收容的一切坚持遣返的战俘，而将其余的战俘转交中立国，以保证对他们的遣返问题的公正解决。

必须指出，我们这一提议，并非放弃了日内瓦公约第 118 条关于停战后战俘即予释放并遣返，不得延迟的原则，也非承认了联合国军方面所说的战俘中有所谓拒绝遣返的人，只由于终止朝鲜流血战争及和平解决朝鲜问题是关系到远东及世界人民的和平与安全问题；所以我们才采取这一新的步骤，准备将在对方恐吓和压迫下心存疑惧、不敢回家的我方被俘人员，提议在停战后转交中立国，并经过有关方面的解释，以保证他们的遣返问题能得到公正解决，而不致因此阻碍朝鲜停战的实现。

我们相信，中华人民共和国政府和朝鲜民主主义人民共和国政府为了结束朝鲜战争所采取的这一新的步骤，完全符合于有自己子弟在朝鲜作战的双方人民的切身利益，也完全符合于全世界人民的根本利益。如果联合国军方面对于谋求和平具有诚意的话，我方这个建议是应该能够被接受的。”①

中朝方面在战俘安排问题上原则性与灵活性相结合的立场，使停战谈判僵局得以打破。4 月 26 日，恢复了板门店谈判。为了取得谈判中的有利地位，双方在军事上都加强了准备。4 月 20 日，中国

① 《伟大的抗美援朝运动》，人民出版社 1954 年版，第 293 – 295 页。

人民志愿军代司令员兼代政治委员邓华致电志愿军副司令员杨得志等并报中共中央军委，谈了在朝鲜战场举行夏季战役反击的几点意见。电报说："这次恢复淡判，停下的可能虽比过去要大，但拖的可能还是存在的。即使敌人迫于整个形势不能不停，但真正停下来还需要相当时间，见敌人狡猾，想采用军事压力来配合谈判中的讹诈，多得一点东西，也想争取一点时间，完成某些战略措施。根据这一估计，我们必须遵照毛泽东主席关于'争取停、准备拖，而军队方面则应做拖的打算，只管打，不管谈，不要松动，一切仍按原计划进行'的方针。加强各种准备，不能麻痹松懈。要继续完成东、西海防工事，能随时粉碎敌人的任何登陆和进攻。同时，必须采取针锋相对的方针，以积极行动来配合谈判，目前个别战术反击仍应进行。现东、西海防工事四月底大致可以完成，而举行夏季反击，打击的重点尽量放在美国及其外国仆从军头上。这次反击、口不宜张大，力求全歼，采取集小胜、多胜为大胜的方针。"① 4月23日，毛泽东致电彭德怀，表示同意邓华的意见，让志愿军作好攻击准备。

为了迫使敌人认输罢手，促成停战实现，1953年夏季，我军发动了规模一次比一次大的夏季攻击战。第一阶段从5月13日到26日，在北汉江两岸，对敌人的20个据点发起反击，经过29次战斗，歼敌4000余人。第二阶段从5月27日到6月23日，继续在北汉江两岸，对敌人的51个防御阵地，进行了65次反击战，歼敌4万余人，在沉重的军事打击下，美军和李军之间发生了严重的意见分歧，敌方内部出现了分化。6月20日，彭德怀致电毛泽东说：

① 《毛泽东军事文集》第六卷，军事科学出版社1993年版，第347－348页。

“根据目前情况，停战签字须推迟至月底似较有利，为加深敌人内部矛盾，拟再给李承晚伪军以打击，再消灭伪军一万五千人。”21日，毛泽东复电彭德怀，同意他的意见。电报说：“停战签字必须迟，推迟至何时为宜，要看情况发展方能作决定。再歼灭伪军万余人，极为必要。”① 从7月13日到26日，我军向敌人发动了第二阶段的攻击战，在北汉江以西，金化以东、金城以南的地区，分路对李军4个师30多公里长的防御线同时发动进攻。期间，我军一个先头侦察组，化装奇袭，深入敌阵地10多公里，直捣李军“白老虎团”团部，给攻击部队创造了有利条件。在停战的前一夜，即7月26日，“我方以四个军一夜突破敌人25公里宽和深的坑道工事体系，消灭伪军4个师大部。美军一个重炮团。”② 整个夏季攻势战役，共歼敌12万余人，扩展阵地240多平方公里。

在我军连续猛烈的军事打击之下，敌人深感惊慌失措，为了“体面地”结束战争，联军总司令克拉克上将，在我军进攻作战还在进行之中，就请求马上在停战协定书上签字。

1953年7月27日，金日成和克拉克分别于平壤和汶山在《关于朝鲜军事停战的协定》上签字。彭德怀7月28日于开城在《关于朝鲜军事停战的协定》上签字。同日，金日成和彭德怀向朝中部队发布停战命令，命令我军坚决遵守停战协定，同时命令我军保持高度戒备，防止来自对方的任何袭击和破坏行动。全世界人民渴望

① 《毛泽东军事文集》第六卷，军事科学出版社1993年版，第350页。
② 《彭德怀自述》，人民出版社1998年版，第263页。

的朝鲜停战终于实现了，[①] 伟大的抗美援朝运动取得了具有重大国际意义的胜利。

在朝鲜战争中，美国动用了三分之一的陆军、五分之一的空军和大部的海军，使用了除原子武器以外的一切现代化武器，消耗了7300万吨作战物资和200多亿美元，结果却以失败而告终。美军的伤亡超过了他们在第一次世界大战时的伤亡总数，超过了他们在第二次世界大战期间在太平洋战争中伤亡的一倍。美国不得不承认朝鲜战争“是美国所进行的一次代价最大、流血最多的战争”，是选择了“错误的地点，错误的时间和错误的对象，进行了一场错误的战争”。联合国军总司令克拉克上将曾不无遗憾地对他的僚属说：“美国上将在一个没有打胜的停战书上签字，这在美国历史上是第一次。”在三年零一个月的朝鲜战争中，中国人民志愿军和朝鲜人民军发扬了一不怕苦、二不怕死的革命精神，共歼敌1093000余人，其中美军391000余人，击毁击伤敌机12200余架，击沉击伤敌舰259艘，击毁和缴获敌人其他各种作战物资无数。当然，我们也付出了巨大的代价。关于志愿军伤亡的数字，目前仍有不同意见。杨奎松教授提出，根据新披露的军方档案：“阵亡11.4万人，病死1.3万人，4000人下落不明，另外医院接收伤病人员38.3万人，还有2.1万人被俘。把上面的数字加总后，死伤人数应该在四五十万人之间。”[②] 毛泽东认为：“我们的伤亡比原来预料的要少

① 有学者指出，停战的时机与条件对中共是否有利？这也是很多学者关切的问题。在《彭德怀自述》里有这样一段话：“我在签字时心中想：先例既开，来日方长，这对人民来说，也是高兴的。但当时我方战场组织刚告就绪，未充分利用它给敌人以更大打击，似有一些可惜。”

② 《近代中国》（台湾）第137期，第124页。

得多。”①

抗美援朝战争的胜利是伟大的，是有很重大的意义的。1953 年 9 月 12 日，毛泽东在中央人民政府委员会第 24 次会议上，就抗美援朝的胜利作了讲话，文中对抗美援朝胜利的意义作了四点总结：第一，“和朝鲜人民一起，打回到三八线，守住了三八线。这是很重要的。如果不打回三八线，前线仍在鸭绿江和图们江，沈阳、鞍山、抚顺这些地方的人民就不能安心生产。”第二，“取得了军事经验。我们中国人民志愿军的陆军、空军，海军、步兵、炮兵、工兵，坦克兵、铁道兵、防空兵、通信兵，还有卫生部队、后勤部队等等，取得了对美国侵略军队实际作战的经验。这一次，我们摸了一下美国军队的底。对美国军队，如果不接触它，就会怕它。我们跟它打了三十三个月，把它的底摸熟了。美帝国主义并不可怕，就是那么一回事。我们取得了这一条经验，这是一条了不起的经验。”第三，“提高了全国人民的政治觉悟。”在中国人民志愿军赴朝作战期间，国内也广泛而深入地开展了抗美援朝运动。在党中央的指示下，各级党组织在全国范围内进行了大规模的宣传教育运动，提高了全国人民的爱国主义和国际主义思想觉悟，扫除了亲美、崇美和恐美的思想，增强了民族自尊心。在党的宣传教育下，全国人民的政治觉悟大大提高，在朝鲜前线不断胜利的鼓舞下，全国人民更纷纷以实际行动参加抗美援朝，首先掀起了志愿赴朝作战的热潮。1951 年 6 月以后，全国人民又开展了制订爱国公约、捐献飞机大炮和优待烈属军属的运动。到 1952 年 5 月，全国人民已捐献了价值相当于 3710 架战斗机的捐款。国内抗美援朝运动的蓬勃开展，直

① 《毛泽东军事文集》第六卷，军事科学出版社 1993 年版，第 354 页。

接支援了朝鲜前线。这也是我军克服困难、战胜敌人的重要保证。第四,“由于以上三条,就产生了第四条:推迟了帝国主义新的侵华战争,推迟了第三次世界大战。”①

毛泽东所谈的四点主要是从政治、军事、国防等方面来说的。从经济方面看,抗美援朝战争,刺激了我国的经济恢复和经济生产。在毛泽东发出的“增加生产,厉行节约,以支持中国人民志愿军”的号召下,广大工农群众开展了热火朝天的增产节约运动。工人阶级响亮地提出了“工厂就是战场,机器就是枪炮”的战斗口号,发扬了高度的生产积极性和创造性,为国家增产和节约了巨大财富,保证了国民经济的恢复和发展。广大农民响亮地提出了“有人出人,有粮出粮”的战斗口号,开展农业爱国增产竞赛运动,努力提高产量,迅速恢复和发展农业生产。同时,战争为工厂带来了大批订单,促进了工商业的繁荣,民族主义的激情则激发了厂主和工人的生产积极性,从而有力地刺激了国内经济全面复苏。

再从中朝关系看,“在朝鲜战场上,中国人民志愿军与朝鲜人民军并肩作战,兄弟般地相互支持,在三年的共同斗争当中,我军与朝鲜人民及朝鲜人民军之间用鲜血凝结起来的战斗友谊是更加巩固了,国际主义的感情是更加深厚了。”② 在抗美援朝战争中,有23万余人荣获了朝鲜民主主义人民共和国颁发的各级勋章、奖章。从中美关系看,虽然朝鲜战争使中美关系进一步恶化,但朝鲜战争使中共和美国都认识到两国直接交兵所带来的伤害,从而使两国领导人在以后20多年的相互敌视中,始终保持着审慎的态度,避免直接冲突。中苏关系是学者们关心而颇有争议的一个问题。有学者

---

① 《毛泽东军事文集》第六卷,军事科学出版社1993年版,第355页。

② 《彭德怀自述》,人民出版社1998年版,第264页。

认为“中共参战似乎是日后中共苏联关系破裂的因素之一”。应该说，中国出兵抗美援朝后，中苏关系有了进一步的发展，一则是中国出兵援朝后，斯大林改变了对中共不信任的态度，二则通过苏联在战争期间提供的军援，中国的国防建设及武器装备迅速得以现代化。当然，在援朝问题上，中苏也有不少意见分歧和矛盾，这些也是日后中苏关系破裂的原因之一。

第四章

中国当时的现状及出兵的战略考虑

一、朝鲜战争爆发前中国的局势

朝鲜战争爆发前，新中国建国伊始，解放战争尚未结束，中国人民解放军的主力还分布在国土四疆。其第一野战军尚在进军新疆的途中。当时中国的西北还是地方土匪割据的天下。第二野战军正挺进在大西南的崇山里，准备进入西藏。第三野战军正在东南沿海与国民党进行着争夺岛屿的作战。第四野战军刚刚结束一个月的解放海南的战役。中国从1911年辛亥革命到1949年成立共和国，38年间内战外患从未间隔。新中国初创就其国力而言，完全无意也已无力打一场对外战争，况且，当时分布在西北、西南、华东、华南各省结合部，尚有100万国民党残部尚未肃清。成千上万国民党残兵淤塞在中国边境地区。可以说，在中国的内战尚未结束时，朝鲜战争突然爆发了。爆发在新中国开国的第八个月，爆发在新中国正在百废俱兴之时，爆发在自鸦片战争以来经历百年国耻的中国刚刚把一切帝国主义残渣余孽通通赶出大陆、其灾难深重的人民正要挺直腰杆的时候。

二、朝鲜战争爆发前中国军队赴朝问题

有一种说法，朝鲜战争爆发前，中国军队中的朝鲜师正巧都回国了，似乎中国事前就知道朝鲜要爆发战争，把部队开到了朝鲜，参与了这场战争的预谋与策划。其实这完全是巧合，其中也有误解。关于战前中国军队赴朝问题，过去因缺乏资料，不甚明白。现在情况清楚了，就毛泽东的动机而言，朝鲜师回国与朝鲜战争没有任何关系。

在日本占领朝鲜期间，尤其是中国抗战期间，有很多朝鲜人进入中国东北境内，参加了中国的抗日军队。抗日战争结束后，便陆续有朝鲜战士回国，较为集中的是由武亭率领的包括一千名朝鲜籍士兵的一个团。1949 年 5 月金日成到北京时，向毛泽东转交了一封朝鲜劳动党中央的信，请求必要时把中国人民解放军编制中的朝鲜师转属朝鲜政府。毛泽东指出，在解放军的三个朝鲜师中，有两个驻扎在沈阳和长春，另一个正在南下作战，中共随时准备把驻扎在东北的两个师连同全部装备，移交给朝鲜政府。另一个师只有等战争结束后才能从南方回来。金日成走后，毛泽东便指示在东北的高岗，准备安排驻扎在沈阳和长春的两个朝鲜师于 1949 年七八月回国。这两个师于 1949 年 7 月进入朝鲜。另一个朝鲜师回国问题是六个月后提出的。1950 年 1 月初，林彪给正在莫斯科访问的毛泽东打电报称，这 16000 余名朝鲜人组成的部队在进军华南后，情绪出

现波动，有些人要求回国。因战争即将结束，故希望把他们合并为一个师或四到五个团送回国。中国方面随即与朝鲜联系，通知金日成，“由于作战行动结束，中国人民解放军中现有的朝鲜族部队正在闲下来，如朝鲜政府愿意，可以转交”。金日成提出把中国军队中现有的朝鲜人按朝鲜师的编制，在中国组成一个步兵师，下设两个团，其余官兵用于补充摩托车团和机械化旅，并派人民军作战部长金光侠到中国洽谈此事。1950 年 1 月 11 日主持中共工作的刘少奇同时致电林彪和朝鲜方面，同意朝鲜师回国，部队由朝鲜来人就地改编，4 月间更换夏装回国。1 月 28 日林彪得到通知，金日成已派人来武汉接收朝鲜部队。

从时间上看，在中国处理朝鲜师回国问题时，并非希望这些朝鲜兵回国后向南方发动进攻的，斯大林也没有同意金日成的军事计划。因此，中国军队中的朝鲜士兵回国，决不能说明中国领导人当时就参与了战争的策划。1949 年同意朝鲜师回国，是因为毛泽东担心朝鲜受到南方的攻击，从而出于国际主义立场对朝鲜革命政权表示同情和支持。1950 年批准朝鲜师回国，一方面是因为朝鲜战士有回国的意愿，另一方面也是因为中国领导人已经在考虑军队复员和减少军费开支的问题了。不过，当最后一支朝鲜师于 4 月 18 日到达元山时，金日成和斯大林在莫斯科已经下决心要进行一场战争了。因此，从客观上讲，三个经过战争锻炼的朝鲜师回国，对于金日成成功地发动突袭，的确起了相当重要的作用。①

---

① 转引自新浪网 2000 年 6 月沈志华关于朝鲜战争的论述。

三、斯大林主张中国出兵

6月25日，朝鲜人民军越过三八线，开始了对韩国的战争行动。当天，美国政府就明确指责朝鲜对韩国发动武装进攻。很快，美国海、空、陆三军陆续介入了朝鲜战争。美国总统杜鲁门于27日发表声明，宣布美国将从军事上支持韩国军队作战，同时还将派美国第七舰队开赴台湾海峡，以阻止中国大陆对台湾的任何可能的进攻。

美国的激烈反应本在中苏两国领导人的预料之中，但是，无论是斯大林还是毛泽东，都没有想到美国会如此之快地介入到朝鲜战争当中来。7月2日，周恩来在与毛泽东、朱德、刘少奇进行了一个下午的讨论之后，约见了苏联驻华大使罗申，向他说明，对于美国和联合国通过的关于谴责朝鲜侵略的声明，中国政府将采取坚定的政策。与此同时，周恩来说，毛泽东在与朝鲜领导人的几次谈话中，都谈到了美国干涉的可能性，可惜没有引起朝鲜同志的重视。美国的军事干涉看来有进一步扩大的趋势，朝鲜人民军能否挫败美国的干涉，令人担心。毛泽东希望朝鲜同志能够加强他们在仁川地区的防御线，因为美国人可能会在那里登陆，当然，这种登陆战也可能发生在半岛的其他地方。考虑到种种可能的情况，为防备万一，中国政府准备在中朝边境集中9个师的兵力，美国军队不过三八线则罢，一旦越过了三八线，中国人民解放军便以志愿军的形式入朝协助朝鲜人民军抗击美国军队。周恩来提出，就这个问题，中国政府希望能够听取斯大林同志的意见，同时希望苏联空军能够对这些部队提供空中掩护。①

斯大林对美国干涉可能造成的严重情况，看上去并不像中国方面那样担心，还在7月3日，斯大林就非常坚决地要求他在朝鲜的大使转告朝鲜领导人：不要被美国人的介入吓坏了，不要停止推进，苏联将迅速满足朝鲜人，关于供应弹药和其他军需品的要求，我们认为必须坚决地继续进攻，韩国解放得越快，美国武装干涉的机会就越少。②

斯大林并非不了解朝鲜人民军的弱点，事实上，在正面战场投入了绝大部分兵力之后，即使是金日成也已经看出“美国人在部署后方或在朝鲜各港口派陆战队或空降部队登陆的危险性”了，他为此已经在呼吁苏联紧急援建海军陆战队和海岸警备队。在这种情况下，斯大林当然知道应当做第二手准备。因此，在得知中国政府主动表示愿意为朝鲜人民军提供军事保障之后，他很快就要罗申转告周恩来，肯定了这种准备的意义。他明确讲，“我们认为，在敌人越过三八线时，集中9个中国师在中朝边境以便志愿军入朝作战是正确的”，“我们将尽力为这些部队提供空中掩护”。

不过，斯大林对战争形势的估计仍然是主观的，并不认为有必要采取适当的行动阻止美国扩大干涉的企图。由于苏联代表于6月30日因抗议台湾国民党继续占据中国在联合国安理会常任理事国的席位而拒绝出席安理会会议，使得安理会乃至联合国都成了美国人的一言堂。眼看美国代表正在鼓动联合国组织“联合国军”介入朝鲜战争，斯大林几乎无动于衷，丝毫也不想派他的代表返回安理会去行使否决权。结果，7月7日，由于苏联代表的缺席，美国代

① 转引自新浪网2000年6月沈志华关于朝鲜战争的论述。
② 转引自新浪网2000年6月沈志华关于朝鲜战争的论述。

表轻而易举地促使联合国安理会通过了组织“联合国军”的决议。面对美国在朝鲜军事干涉的扩大，斯大林稳坐钓鱼台。当英国人通过驻莫斯科大使委婉地向苏联提出，希望苏联施加影响，促使朝鲜人民军退回三八线，以便和平解决朝鲜问题时，斯大林很坚决地打电报给中国和朝鲜政府称：“我们认为英国人的这项要求是无理的和不能接受的。”斯大林唯一的反应是，敦促中国政府尽快在中朝边境部署9个师的军队，他在给周恩来及毛泽东的电报中称：“我们不清楚，您是否已决定部署9个中国师在朝鲜边境。如果您已做出决定，我们准备给您派去一个喷气式歼击机师——124架飞机，用于掩护这些部队。”而一旦中国的飞行人员掌握了这些飞机，这个飞行师以及已经在上海担任防空任务的另外一个飞行师的所有装备，都可以移交给中国方面。①

很显然，斯大林不是完全没有担心，但是，他渴望这场战争能够顺利地打下去。

四、中国对抗美援朝的准备

在得到斯大林对于立即着手部署9个师东北边防军以防万一的积极答复之后，受毛泽东的委托，身为中央军委副主席的周恩来在7月7日和10日连续两次召集国防会议加以研究落实。会议通过了《关于保卫东北边防的决定》，决定抽调作为国家战略预备队的第13兵团及其所辖的第38、39、40军和已经在齐齐哈尔地区从事农

① 转引自新浪网2000年6月沈志华关于朝鲜战争的论述。

业生产的第42军等部，共52万人，组成东北边防军，准备必要时支援朝鲜人民军作战，会议同时高度重视空军问题，授权空军司个员刘亚楼对改装、训练和接收苏联飞机，迅速组建中国空军的问题，提出具体方案。

毛泽东和中共中央对建设空军问题一直十分重视，但空军装备以及空地人员的训练问题限制着空军组建工作的开展。中国人民解放军这时只有一个空军第四混成旅，且其组成还不到一个月的时间。考虑到与美国军队作战的可能性，军队领导人都格外重视空中掩护问题。受到斯大林提议的鼓舞，参加国防会议的领导人都一致主张乘机加速空军的建设。因此，周恩来很快两度约见苏联大使罗申，一方面请他向斯大林表示感谢，一方面要求苏联派遣防空和空军专家前来中国担任军事顾问。在一封由毛泽东署名的给斯大林的电报中，中国政府还就苏联飞行师在中国东北的配置问题提出了具体的设想，主张："对于你们用以掩护我军的一个喷气式飞机师，我们拟将其配置在沈阳地区，将其他两个团配置在鞍山，将其他一个团配置在辽阳，这将有助于在我驻安东地区混成航空旅各歼击航空兵团的配合下，完成对我军及沈阳、安东、抚顺工业区进行掩护的任务。"对于中国方面的所有这些要求，斯大林和苏联武装力量部相当痛快地给予了满足。①

一直到8月中旬为止，朝鲜人民军的作战都还比较顺利。7月底，人民军已经进抵路东江，整个韩国军队只剩下几万人，连同前来增援的近10万美军，被围困在朝鲜最南端的釜山港一带狭小的范围里，眼看统一朝鲜的战斗即将进入尾声了。8月中旬，人民军

---

① 转引自新浪网2000年6月沈志华关于朝鲜战争的论述。

大举突破由美军第8集团军沿洛东江建立的坚固防线，金日成公开通过平壤电台发布命令，要求人民军将士务必在8月底之前将美国侵略者赶出朝鲜，完成统一朝鲜的神圣使命。

朝鲜人民军的节节胜利，也使中国领导人深受鼓舞。8月4日，中共中央政治局召开会议，在谈到朝鲜战局时，与会者多数表示乐观，只是对美国在国内国外做了如此大规模的战争动员之后，是否会轻易地承认失败，放弃朝鲜，有所怀疑。毛泽东重新谈到了美国发动登陆战并扩大战争的可能性。但是，由于朝鲜人民军对美军作战取得了一连串的辉煌胜利，多数与会者相信，美国军队的战斗力要弱于当年他们与之作过战的日本军队。基于这样一种估计，毛泽东明确讲，美帝是不会甘心失败的，要准备美帝大举进攻朝鲜，“我们不能不有所准备”，因为，“如美帝得胜，就会得意，就会威胁我。对朝不能不帮、必须帮。”周恩来也肯定地说：朝鲜战争要取得彻底胜利，“一定要加上中国的因素，中国的因素加上去后，才可能引起国际上的变化，我们不能不有此远大设想。”在这段时间毛泽东、周恩来与苏联大使、专家以及军事顾问的谈话中，不止一次地说明，中国有决心成为朝鲜的坚强后盾，解放军不怕与美国军队作战。①

朝鲜战局的进展，明显地影响着中共中央对援助朝鲜问题紧迫性的估计。8月4日会议召开时，人民军的作战有很快结束的可能，毛泽东估计美军出于报复目的，可能很快转而在人民军侧后发动登陆战，因此，他明确提出东北边防军各部务必“于本月内完成一切准备工作，待命出动作战”。十天之后，注意到美国军队一时还难

① 转引自新浪网2000年6月沈志华关于朝鲜战争的论述。

以另外调集新的足够发动登陆战的部队，他又指示东北边防军："完成训练及其他准备工作的时间可延长至九月底。"但无论如何，毛泽东已经明确告诉苏联人说，照目前的情况，靠朝鲜自己恐怕是赶不走美国人的，一定要加上中国的力量。①

8 月底，眼看朝鲜人民军进攻釜山的作战严重受阻，美军已在釜山地区构筑成坚固的防御线，有可能抽调足够的机动部队来发动对人民军的反击。毛泽东开始感到形势的严峻，为此，他不能不一面提醒苏联人，战争将长期化，一面要求军委：为应付可能到来的战争，"现须集中十二个军以便机动"。他同时两度会见朝鲜代表，提醒他们美国多半是要在另一方向上实施登陆作战，朝鲜必须有充分的预备力量，应付敌人可能在首尔地区和平壤地区采取的登陆行动。

五、中国人民志愿军入朝作战决策经过

建国初期，美国实行了一系列旨在孤立和扼杀我新生的人民政权的反动政策。1950 年 6 月 25 日，朝鲜战争爆发后，中美之间的危机情势进一步加剧。6 月 27 日，美国总统杜鲁门发表声明，公然命令美国的空海部队（不久陆军也参加）掩护和支持韩国军队，直接进行武装侵略，同时，命令其海军第七舰队开进台湾海峡，侵犯我国领海。同日，美国在苏联代表缺席，中华人民共和国代表资格被台湾国民党占据的情况下，操纵联合国安理会，通过非法决议，

① 转引自新浪网 2000 年 6 月沈志华关于朝鲜战争的论述。

组成所谓的“联合国军”，为美国搜罗侵朝军队，要求联合国各会员国向韩国提供援助，朝鲜战争随之扩大。7 月 7 日，美国又操纵联合国安理会通过非法决议，给美国和由其纠集的英国、法国、南非、土耳其、菲律宾等 15 个国家的侵朝军队披上“联合国军”外衣，并任命美国远东军总司令麦克阿瑟为“联合国军总司令官”。朝鲜战争由此被扩大成为第二次世界大战后一次规模最大的带世界性的侵略战争。

朝鲜战争爆发初期，朝鲜人民军取得了很大的胜利，在不到 1 个月的时间内，拿下了南朝鲜的首都首尔和韩国的大部分地区，把南朝鲜军队一直赶到朝鲜半岛东南的大邱、釜山一隅。1950 年 9 月 15、16 日，美国集中了它自己的和仆从国家的可以投入朝鲜战争的 5 万名陆军，在 300 艘军舰、500 架飞机掩护下，在朝鲜中部西海岸仁川登陆，截断了朝鲜人民军的后方交通，疯狂地向北进犯。战局发生了不利于朝鲜人民军的变化。10 月 2 日，美国悍然越过三八线，向我国东北边境的鸭绿江和图们江进犯，侵占了鸭绿江南面朝鲜一侧的楚山和惠山，把战火烧到了我国门口。美国还多次派遣空军侵入我国东北领空，炸我城乡，杀我同胞，毁我财产，派遣海军在公海上炮击我国商船，侵犯我国航权。美方甚至狂妄叫嚣，“在历史上，鸭绿江并不是把两国（中朝）截然划分的不可逾越的障碍”，“美国军队必须越过朝鲜，进入目前为中共军队占领的满洲”。这就公开暴露了美国进攻我国的侵略阴谋，暴露了美国企图以武力消灭刚刚诞生的新中国的妄想。①

对于美国武装干涉朝鲜内政的行为，中国政府和人民一开始就

① 转引自新浪网 2000 年 6 月沈志华关于朝鲜战争的论述。

表示坚决的反对，并多次向美国提出严重警告，一再主张迅速停止侵朝战争，和平解决朝鲜问题，一再要求美国武装力量退出我国领土台湾。6月28日，毛泽东在中央人民政府委员会第八次会议上发表讲话，严正指出："全世界各国的事务应由各国人民自己来管，亚洲的事务应由亚洲人民自己来管，而不应由美国来管。美国对亚洲的侵略，只能引起亚洲人民广泛的和坚决的反抗。"他号召："全国和全世界的人民团结起来，进行充分的准备，打败美帝国主义的任何挑衅。"① 8月1日，北京各界人民举行反对美国侵略我国台湾、朝鲜示威大会。朱德在大会上发表演说，号召全国人民坚决反对美国侵略我国台湾、朝鲜。在8月4日召开的中央政治局会议上，毛泽东指出，如美帝得胜，就会得意，就会威胁我。对朝不能不帮，必须帮助，用志愿军形式，时机当然还要选择，我们不能不有所准备。周恩来说，如果美帝将朝鲜压下去，则对和平不利，其气焰就会高涨起来。要争取胜利，一定要加上中国的因素，中国的因素加上去后，可能引起国际上的变化。我们不能不有此远大设想。在美国飞机侵入中国领空后，周恩来多次致电联合国，控诉美国的罪行。当美国侵略军越过三八线，朝鲜民主主义人民共和国处于危机之中时，中国政府继续公开表态，中国不会袖手旁观。

在采取外交抗议的同时，中国政府也及时做了军事准备。朝鲜战争爆发不久，党中央和毛泽东即审时度势，以敏锐的洞察力对战局的发展做出科学预见，及时地做出了《关于保卫东北边防的决定》。7月13日，中共中央军委决定以原第四野战军第十三兵团为主，组建东北边防军，下辖4个军、3个炮兵师、一个高射炮团、

① 转引自《百年潮》1997年第3期的1950年6月29日《人民日报》。

一个工兵团，担负保卫东北边防安全的任务。[1] 对于中国军队在东北地区的行动，美国注意到了，但它低估了中国的力量，以为新生的中华人民共和国面临着重重困难，不敢起来援助朝鲜，对于中国政府的警告置若罔闻，把中国的和平民主主张看作是软弱的表现，不顾一切地扩大侵朝战争，在其越过三八线并继续向北推进后，联军总司令麦克阿瑟曾在东京总部发出情况通报称：最近中共领袖声称，如果联军越过“三八线”，他们将进入北朝鲜，这只不过是外交上的一种勒索。10 月 15 日，麦克阿瑟在威克岛会见杜鲁门时还说，中国参战的可能性很小。

中国于 1950 年 9 月底前完成了军事准备。10 月初，毛泽东多次主持政治局会议，在出兵问题上，认真倾听各种意见，充分发扬民主。对于是否要直接出兵，当时中共中央内部有着明显的意见分歧。很多领导人都担心两个问题，一是中国人民解放军的装备与美军相差太远，中国军队能否在朝鲜境内歼灭美国军队，有效地解决朝鲜问题，如果打败了，美国将更加肆无忌惮；二是出兵参战会不会引来美国对中国沿海各重要工业城市的轰炸与封锁。毛泽东认为：“既然中国军队在朝鲜境内和美国军队打起来（虽然我们用的是志愿军名义），就要准备美国宣布和中国进入战争状态，就要准备美国至少可能使用其空军轰炸中国许多大城市及工业基地，使用其海军攻击沿海地带。”但他认为，中国与苏联有互助条约，美国未必会不顾一切大举进犯中国大陆。“而如果我们不出兵，让敌人压至鸭绿江边，国内国际反动气焰增高，则对各方都不利，首先是对东北更不利，整个东北边防军将被吸住，南满（指沈阳至大连铁

---

① 《毛泽东军事文集》第六卷，军事科学出版社 1993 年版，第 91 页。

路线以东的庄河、丹东、通化、临江、清原和沈阳西南的辽中等地区）电力将被控制。”毛泽东认为，我军入朝参战，“对中国，对朝鲜，对东方，对世界都极为有利”,① 我们“应当参战，必须参战，参战利益极大，不参战损害极大。”② 关于装备问题，毛泽东认为可以依靠苏联的帮助迅速改善。为此，毛泽东立即派周恩来、林彪赴苏，与斯大林商洽有关援朝事宜。最终，毛泽东说服了党内众人，做出了出兵决定。

1950 年 10 月 1 日，是新中国成立一周年的纪念日。在北京的街头巷尾，全国上下到处是一片欢乐的节日气氛，一派和平的景象。但是在这喜庆的日子里，共和国主席毛泽东却收到一份意外的“礼物”——朝鲜民主主义人民共和国金日成首相和朴宪永外相打来的加急电报，电报说：

敬爱的毛泽东同志：

您对于为自己祖国的独立解放而斗争的朝鲜人民深切的关心、后方援助，我们仅代表朝鲜劳动党，表示衷心的感谢！

现在反对美帝国主义侵略者的我们朝鲜人民解放战争的今日战况，是在美国侵略军登陆仁川以前，我们战况不能说不利于我们，敌人在连战连败的情况下，被我们挤入朝鲜南端狭小的地区内，我们有可能争取最后决战的胜利。美帝军事威信极度地降低了。于是，美帝国主义为挽回其威信，为实现其将朝鲜殖民地化与军事基地化之目的，急速调动了驻太平洋方面陆海空军的差不多全部兵力，并于九月十六日以优势兵力在仁川登陆……

① 《毛泽东军事文集》第六卷，军事科学出版社 1993 年版，第 117 页。

② 《毛泽东军事文集》第六卷，军事科学出版社 1993 年版，第 117 页。

目前战况是极端严重的。我们人民军虽对上陆的敌人进行了顽强的抵抗，但对于前线上的人民军，已经造成了很不利的情况。

战争以来，敌人利用约千架的各种飞机，每天不分昼夜地任意轰炸我们的前方与后方，在对敌空军毫无抵抗的我们面前，敌人则充分发挥其空军威力了。各战线上敌人在其空军掩护下，活动大量机械化部队，我们受到的兵力和物资方面的损失是非常严重的。后方的交通、运输、通信及其他设施大量被破坏，同时，我们的机动力则更加减弱了。

敌人登陆部队与南部战线已经连接在一起，切断了我们的南北部队。结果，使我们在南部战线上的人民军处于被敌切断分割的不利情况里，得不到武器弹药，失掉联系，甚至于有一部分部队，则已被敌人分散包围着。如果京城完全被敌占领，则我们估计敌人可能继续向三八线以北地区进攻。如果不能急速改善我们的各种不利条件，则敌人的企图是可能会实现的。要保障我们的运输、供给以及部队之机动力，则必须具备必要的空军，但是我们又没有准备好的飞机师。

敬爱的毛泽东同志，我们一定要决心克服一切困难，不让敌人把朝鲜殖民地化与军事基地化！

我们一定要决心不惜流尽最后一滴血，为争取朝鲜人民的独立解放民主而斗争到底！

我们正在集中全力编训新的师团，集结在南部的十余万部队处于作战上有利的地区，动员全体人民，准备长期作战。

在目前，敌人趁着我们严重的危机，不给我们时间，如果继续进攻三八线以北地区，则只靠我们自己的力量是难以克服此危机的。因此，我们不得不请求您给予我们以特别的援助，即在敌人进攻三八线以北地区的情况下，急盼中国人民解放军直接出动援助我军作战！

我们谨向您提出以上意见，请予以指教。

敬礼

健康！

金日成　朴宪永①

北京的国庆焰火尚未熄灭，欢乐的人群还未散去，毛泽东在紧张严肃的气氛中开始主持中央政治局常委会，讨论朝鲜民主主义人民共和国面临的严重局势。

是日夜间，韩国陆军第3师开始越过“三八线”向朝鲜北部进犯。10月2日清晨，麦克阿瑟又根据美国参谋长联席会议的决定下达了“联合国军”第2号作战命令，命令正在“三八线”南侧集结待命的“联合国军”部队立即从陆地和海上同时越过“三八线”向北进攻。于是，在“三八线”两侧，展开了一场激烈的攻防战斗。但是，朝鲜人民军因火力、人力大大逊于“联合国军”而陷于劣势，被迫向北撤退，顷刻之间，装备有大量飞机大炮和坦克的“联合国军”猖狂北犯，将侵略战火迅速烧向中朝边境。

鉴于这种严重局势，毛泽东于10月2日凌晨2时，给高岗、邓华发出紧急电报称：“（1）请高岗同志接电后即行动身来京开会；（2）请邓华同志令边防军提前结束准备工作，随即待命出动；（3）请邓将准备情况及是否可以立即出动即行电告。”②

① 电报文字转引自叶雨蒙《黑雪——出兵朝鲜纪实》，作家出版社1989年版，第48－50页。

② 《毛泽东军事文集》第六卷，军事科学出版社1993年版，第105页。

10 月 2 日午后，高岗匆匆飞抵北京。下午 3 时左右，毛泽东、朱德、刘少奇、周恩来、高岗及代总参谋长聂荣臻等在颐年堂开会。毛泽东把金日成的电报给高岗看并指出："朝鲜的形势已如此严重，现在不是出兵不出兵的问题，而是马上就要出兵，早一天和晚一天出兵对整个战局极为重要。今天先讨论两个迫切的问题，一是出兵时间，二是谁来挂帅。"毛泽东谈了与林彪的谈话情况说："前些日子我找林彪谈了一次话，说明我们为什么冒险出兵，不出兵将来会有什么结果，出兵有哪些有利条件，对美帝国主义应该采取什么对策，可是林彪表示说他每晚失眠，身体虚弱多病，怕风、怕光、怕声音，他有这三怕，怎么率兵打仗呢！"①

实际上鉴于朝鲜战争发展变化的实际形势，使中国派兵援朝的必要性越来越突出，中国援朝志愿军的挂帅人选问题对毛泽东的困扰也就越来越大。经过两昼夜的反复思考后，他考虑到了彭德怀。

时任西北军政委员会主席的彭德怀，在 10 月 1 日出席了西安市人民庆祝国庆一周年和谴责美帝国主义入侵朝鲜和我国领土"台湾"、声援朝鲜人民抗美救国斗争示威游行大会。一个大会两项内容，又要欢度国庆，又要示威游行——既要和平，又要备战，这本身就使国庆的节日气氛添加了一种火药味。接下来几天，他都和西北军政首脑一起，紧张研究开发建设大西北的规划，满脑子塞满了玉门的油田、河西走廊的交通、八百里秦川的农业发展……就在这时候，10 月 4 日，中央从北京派来专机，命他火速赴京。一切都是和打仗时那样紧张匆忙，他只收拾了一些有关西北经济建设方面的资料，匆匆登机出发了。他所能想到的，是毛泽东要听听他这个西

① 转引自叶雨蒙《黑雪——出兵朝鲜纪实》，作家出版社 1989 年版，第 47 页。

北方面大员的施政汇报。

10 月 4 日下午 4 点 10 分，飞机在北京西郊机场降落，彭德怀被直接接进中南海颐年堂，周恩来首先与彭德怀握手。当彭德怀迈着稳健的步子走进颐年堂会议室时，政治局扩大会议正在进行。毛泽东看到彭德怀走进来，向他打了招呼并简要说明“现在开会就是讨论这个事——出兵朝鲜。”

彭德怀找椅子坐下，将那装有西北经济建设规划草稿的文件包放在桌上，心想：这包东西看来用不着了。他环顾四周，发现除中央政治局委员以外，被扩大来参加会议的几乎都是解放军高级将领——与其说是政治局扩大会议，倒不如说是一次最高军事会议。

然后毛泽东请高岗发言。高岗说谈了自己对出兵朝鲜的看法：“我还是那个意见：要慎重，我们国家已经打了二十多年仗，现在刚刚统一，元气还没有恢复，再打，怕是经济上负担不起。现在是政权到手，百废待兴。打仗又不是用拳头，要花钱……还有林彪那个意见我认为也应该认真考虑，我军装备落后，大多是缴获日本人的三八大盖。美军一个军有各种火炮一千五百门，我们一个军才不到二百门，坦克更少。如果没有三倍、四倍于美军的炮兵和装甲兵：是顶不住的，一旦顶不住，美军打过鸭绿江，那后果就不堪设想了……我看还是加强东北边防为好，免得引火烧身……”

周恩来谈了自己的看法：“积极进攻是更好的防……我们鸭绿江一千多里防线，需要多少部队？而且年复一年都得准备打，不知它哪一天打进来……既然早晚都要打，我看还是早打为好……跟美国这一仗，看来是不可避免的了，最近根据法新社透露，美军结束朝鲜战争后，将去保护亚洲的各个极为重要的地区，这些地区包括台湾和印度支那。果然如此的话，就会迫使我们在台湾和越南同他们较量，既然美国决定从三个主要方向来实行对中国的进攻：朝鲜、台湾和越南，那我看，我们还是选择朝鲜为好，理由是朝鲜北方多山地，对美军机械化行动不利，便于我军打运动战，而且，朝鲜与苏联接壤，也便于我们获得苏联的援助……老大哥的援助还是不可缺少的嘛。"

但是高岗依然坚持自己的观点："要我看，既然早晚都要打，那不如晚点打好。美国战争潜力很大，从他们的南北战争结束到现在，将近一百年来美国本土没有遭受列战争破坏，成为世界上工业最发达的国家，别忘了，美国的钢产量每年达到八千多万吨，超过我们一百四十多倍，不要说还有原子弹。我们呢，大家都知道，百孔千疮，百废待兴。刚刚解放，绝大多数新解放区的土地改革还没搞完，许多边远地区的土匪、特务和国民党军队的残余武装还没肃清。不如等我们经济发展了，部队的武器装备改善厂，特别是我们的海、空军建立起来，那时候再打，恐怕更有把握一些……"

高岗的发言引起了与会者的争论。有的说，我们准备不够，美国准备也不够；美国军队分布全球，战略重点在欧洲，在朝鲜的兵力明显不足；有的说，与其坐等美国打进来，不如打出去；有的说，不如请苏联出兵，苏联军队武器好……各种意见相持不下。

通过几位同志的发言，彭德怀才知道对出兵支援朝鲜民主主义人民共和国有些不同意见，有的主张不出兵，有的主张暂不出兵，这些发言由一个共同的理由，归纳起来有如下几点：（1）我国经过了几十年战争的摧残，战争创伤急待恢复，而财政又十分困难，所以目前国力不支持再打仗；（2）国内还有部分边远地区和沿海岛屿尚未解放，约有 100 万国民党残余部队和土匪尚急待肃清，国内的缴匪肃匪任务还很重；（3）广大的新解放区尚未进行土地改革，新建的政权也还不巩固；（4）我军的武器装备远远落后于美军的装备，更无制空权和制海权；（5）由于长期战争的艰苦生活，有些干部和战士产生了和平厌战思想情绪，等等。参加会议的大多数同志认为目前我国的情况是困难重重，出兵问题应慎重从事。聂荣臻元帅在他的回忆录中谈到这次会议，对这次会议的讨论结果他写道："总之，不到万不得已的时候，最好不打这一仗。"①

毛泽东听完与会者的讨论后，对我国是否应该出兵援朝问题，在会议最后讲了以下一段话："你们说的都有理由，但是别人处于国家危急时刻，我们站在旁边看，不论怎么说，心里也难过。"

因为彭德怀是在会议开了两小时后才赶到会场，还不了解会议进行的全部情况，对这事关国家命运的大事，他也就没有轻易表态。

第二天10月5日上午9时左右，邓小平受毛泽东委托来到彭德怀下榻的北京饭店。他和彭德怀两人在房间交谈约1小时后，即同车去中南海。因为在前一天下午政治局的会议上，彭德怀未曾发言，毛泽东不知道他对出兵援朝是什么态度，而且常委已决定派彭德怀率军入朝，因此想亲自听听他的意见和看看他是什么态度，所以特派邓小平接他来中南海个别交换意见。

彭德怀在毛泽东书房兼办公室坐定后，毛泽东从办公桌上的卷宗里翻出一份电报，递给彭德怀并对彭德怀说："这是金日成和他们的外相朴宪永十月一日那天给我打来的电报……你看看嘛，形势很危急。美军果然在仁川登陆并已越过三八线。我们多次通过印度大使潘尼迦那个渠道向人家提出警告：不要过三八线，过了三八

① 《聂荣臻回忆录》，解放军出版社1984年版，第59页。

线，我们就要管。可是人家不理睬，人家要用军事解决问题……昨天子夜一点，恩来同志还再次召见潘尼迦，重申我们的态度，不过，和我们许多同志的担心一样，我看美国的好战分子也料定我们不敢参战，料定我们怕他们，所以才对我们的多次警告当耳旁风……他美国依仗什么？还不是仗着飞机大炮，还有那个不得了的原子弹！”①

彭德怀看罢电报，沉思良久：朝鲜已面临亡国之难，向我们发出紧急求援的呼吁，怎么能见死不救呢？何况，都是共产党国家，都属于社会主义阵营，应该团结一致，共同对敌，更不要说两国唇齿相依……唇亡便要齿寒啦！

毛泽东主席对彭德怀说：“德怀同志，我这个决心可不容易下呦！一声令下，三军出动，那就关系到数十万人的性命，常说：性命关天嘛……打得好那没么子可说的，打不好，危及国内政局，甚至丢了江山，那我毛泽东对历史、对人民都没法子交代喽！政治局扩大会上，大家的担忧都是有道理的。不过，打还是要打算；金日成危急了，我们要是不管，那我们将来危急了，斯大林也不管，都这样的话，社会主义阵营还不是一句空话？我告诉你彭德怀，斯大林对我们党是有些瞧不起哩，他以为我们不是什么真正的马克思主义者，是来搞农民运动的土地改革者……农民嘛，当然是只顾自农田里的收成，但是我们就是不能只顾自己，我们现在困难很多，这是实情，但我们毕竟是个大国，人口众多，我们应该发扬国际主义精神，无私地援助朝鲜……话又说回来，帮助朝鲜也有利于我们——我们的重工业都集中在东北：鞍山的钢铁，沈阳的机械工

① 转引自叶雨蒙《黑雪——出兵朝鲜纪实》，作家出版社 1989 年版，第 48 页。

业，抚顺和本溪的煤，还有鸭绿江上的大型水力发电站，我们不能让敌人推到鸭绿江威胁我们东北的安全!”

彭德怀极其注意倾听着毛泽东的每一句话。根据他对毛泽东多年的了解，他知道，毛泽东决心下定了，并且，他经过下午的会议和现在毛泽东的谈话，也感觉到毛泽东的决定无疑是正确的。不过，他仍然为毛泽东的大无畏的胆略和气魄所惊异。对毛泽东的想法，彭德怀表态说：“看来现在不是打不打的问题，而是如何战而胜之的问题。”

“对，你说的对，打是早晚要打的。”毛泽东站在窗前接着说，“去年我们渡长江，解放全中国，用了百万大军，就是防备美军出兵帮助蒋介石，斯大林同志派了米高扬来西柏坡，建议我们不要打过长江，害怕打过长江引起美军参战，我们没有听他的，结果打走了蒋介石，美国也没有参战。不过，美帝国主义这口气是咽不下去的，我看迟早要同我们交一下手，现在怎么样？打到咱家门口喽，我们还能退避三舍吗？当然要打，而且一要打胜，打出中国人民的威风!”

对在政治局会议上与会者摆的困难，毛泽东很想听听彭德怀的意见：“我们现在确实存在一些困难，有些是严重困难，但是怎样战胜困难，克服困难，我们还有哪些有利条件？不知道你彭老总是怎么考虑的!”

彭德怀直言坦率地说：“主席，昨天晚上我几乎没有睡觉。我把你讲的四句话，反复思考了几十遍，我体会到这是一个国际主义和爱国主义相结合的问题。如果我们只强调困难的一面，不同美军正向鸭绿江进犯的危急后果联系起来考虑，不仅朝鲜民主主义人民共和国难保，就连我国东北边防也直接受到威胁。出兵有利还是不利？经过反复考虑后，我拥护主席出兵援朝的英明决策。”

毛泽东对彭德怀“有战略远见，非分之百地支持我的意见”感到很高兴，然后毛泽东又高声地说：“我们有些同志，只看眼前，看不到将来，更有人被美国的飞机、大炮吓破了胆！我们过去经历了几十年的战争，不都是以劣势装备战胜了优势装备的敌人吗?”毛泽东的话音越来越高，他的话显然是有针对性的。

两人沉默了一会儿后，彭德怀将话题接过来继续说：“我们确有许多困难，大家摆的情况也是事实，但是，敌人也有困难，他们兵力不足，补给线长，从美国本土离朝鲜大约5000多海里，我们应全面观察问题。但如果让敌人占领了全部朝鲜半岛，这对我国威胁很大。过去日本人进攻中国就是以朝鲜为跳板，首先进攻我国东三省，然后又以东三省为跳板，大举向关内进攻的，这段历史教训不能忽视。这次我们的作战对象，虽然是在武器装备方面占绝对优势的美国侵略军，我们既不能轻视敌人，但也不能过低估计自己。1947年胡宗南进攻延安，他的兵力是24万，有空军支援，武器装备几乎都是美式的，比我军装备不知要好多少倍。我军只有25000人，只占敌军的十分之一，武器落后，每支枪平均不过几十发子弹，陕甘宁边区地瘠民贫，人口才100多万，为什么我们能打败胡宗南呢？一是我们是正义战争，是自卫战争；二是边区群众的大力支持；三是靠灵活机动的战略战术。现在我们已取得了全国政权，有几百万军队，有全国人民的支援，我们有对付优势装备敌人的经验，只要我们在战略上不犯重大的错误，我们就有信心打败美国侵略军。”

毛泽东认为彭德怀分析得很对，他们想到一起了。他说：“现在美军、英军和韩国军队正越过三八线向平壤接近，麦克阿瑟已向朝鲜民主主义人民共和国发出最后通牒，朝鲜已处于危急时刻，金日成同志要求我们尽快派兵支援朝鲜人民军作战，当前出兵援朝已是关键时刻，如让敌人前进到鸭绿江边，其后果不堪设想啊!”

彭德怀同意毛泽东主席的分析，这时毛泽东征求彭德怀的意见：派谁挂帅合适。彭德怀说：“我听说中央不是早已决定派林彪同志去吗?”毛泽东说：“我前些天去征求他的意见时，他精神有些紧张，强调身体不好。每晚失眠，怕光、怕风、怕声音，硬是不接受任务。”毛泽东吸了一口烟继续说：“现在很明显，这场战火很快就会烧到我国的大门口，情况危急哟！我们必须当机立断，马上出兵。既然林彪有病不能去，常委几个同志商量的意见，这副重担，还是请你彭老总来挑，这是一场比保卫延安更艰苦复杂的战争，不知你的身体情况怎样？你可能思想上还没有这个准备吧，你考虑有什么困难?”对于毛泽东的提问，彭德怀刚毅果断地说：“主席，我这个人的脾气你很了解，我服从中央的决定!”毛泽东深为感动，要求彭德怀在下午的政治局会议上，说说对出兵援朝的意见，摆摆观点。

有关毛泽东与彭德怀的这次交谈，当然没有什么记录之类的文字留下，上面所叙述的这些对话与内心活动，是根据军旅作家叶雨蒙的纪实小说《黑雪》所提及的有关内容，还是可信的。

10 月 5 日下午，中央政治局继续在颐年堂开会，对是否出兵援朝问题再次进行讨论。在发言中，仍有两种观点，即强调国内困难很多，主张不出兵或暂不出兵，彭德怀对出兵援朝问题早已经过反复考虑，遂胸有成竹地讲了自己的观点，即：出兵援朝是必要的，打烂了，最多就等于解放战争晚胜利几年就是了。如让美军摆在鸭绿江岸和台湾。它要发动侵略战争，随时都可以找到借口。如等美国占领了朝鲜半岛，将来的问题更复杂，所以迟打不如早打，这样对国内外的反动气焰和亲美派也是个沉重打击。在彭德怀发言后，毛泽东作了如下发言："我们国内当前确实存在着一些困难，这是事实，但我认为今天老彭的发言是一针见血，很有说服力。现在是美国人逼着我们打这一仗的，犹豫退缩、担惊害怕都没有用，这些心理和情绪正是敌人所希望的。现在我们只有一条路，就是在敌人进占平壤以前，不管冒多大风险，有多大困难，必须立刻出兵朝鲜。关于由谁挂帅的问题，既然林彪说他有病已前往苏联养病，我提议由彭德怀同志率领志愿军入朝，协助朝鲜人民军抗击敌人，至于志愿军入朝具体部署和细节，会后我们再和彭德怀同志研究。"

在毛泽东发言之后，会场上严肃紧张的气氛顿时活跃起来，大家都以尊敬的目光投向彭德怀，一致同意由彭德怀挂帅志愿军援助朝鲜民主主义人民共和国。对此，彭德怀没强调任何困难，立即站起来表示："我还是那句老话，服从中央的决定。"①

10 月 7 日，毛泽东再度约见了苏联大使罗申，要他转告斯大林，他同意斯大林来电的基本观点，并准备过一些时候派 9 个师入朝作战，只是有关入朝作战和苏联援助的种种问题，还需派周恩来和林彪前往苏联与斯大林进行详细的讨论。

第二天即 10 月 8 日，毛泽东以中国人民革命军事委员会主席名义以特急电报的形式发布命令，命令说：

"中国人民志愿军各级领导同志们：

（一）为了援助朝鲜人民解放战争，反对美帝国主义及其走狗们的进攻，借以保卫朝鲜人民、中国人民及东方各国人民的利益，

① 转引自叶雨蒙《黑雪——出兵朝鲜纪实》，作家出版社 1989 年版，第 49 页。

将东北边防军改为中国人民志愿军，迅即向朝鲜境内出动，协同朝鲜同志向侵略者作战并争取光荣的胜利。

（二）中国人民志愿军辖十三兵团及所属之三十八军、三十九军、四十军、四十二军，及边防炮兵司令部所属之炮兵一师、二师、八师。上述各部须立即准备完毕，待命出动。

（三）任命彭德怀同志为中国人民志愿军司令员兼政治委员。

（四）中国人民志愿军以东北行政区为总后方基地，所有一切后方工作供应事宜，以及有关援助朝鲜同志的事务，统由东北军区司令员兼政治委员高岗同志调度指挥并负责保证之。

（五）我中国人民志愿军进入朝鲜境内，必须对朝鲜人民、朝鲜人民军、朝鲜民主政府、朝鲜劳动党（即共产党）、其他民主党派及朝鲜人民的领袖金日成同志表示友爱和尊重，严格地遵守军事纪律和政治纪律，这是保证完成军事任务的一个极重要的政治基础。

（六）必须深刻地估计到各种可能遇到和必然会遇到的困难情况，并准备用高度的热情，勇气，细心和刻苦耐劳的精神去克服这些困难。目前总的国际形势和国内形势于我们有利，于侵略者不利，只要同志们坚决勇敢，善于团结当地人民，善于和侵略者作战，最后胜利就是我们的。"①

毛泽东同时电告了金日成。当天，周恩来与林彪也从北京飞抵莫斯科。周恩来当时带去的是两种意见：苏联能够迅速提供中方所需达到装备，特别是提供空中掩护，就出兵；否则就不出兵。

10 日和 11 日，周恩来与斯大林进行了将近两天的会谈。他在

① 《毛泽东军事文集》第六卷，军事科学出版社 1993 年版，第 109－110 页。

发给毛泽东的电报中说，斯大林一方面肯定愿意提供16个志愿空军团进行空中掩护，一方面又对立即出动空军掩护表示困难，声明苏联远东空军准备不足，至少要两个月到两个半月的时间才有可能给予掩护。因此，斯大林更多地强调可否向中方提供飞机来解决这个问题。周恩来说他一再告诉斯大林，这样做是行不通的，不仅中方接运团难，而且也没有飞行人员可以利用，何况还有一个由中方付款的问题，这在财政上会带来很大的问题，必然极大地影响中国经济的恢复和建设工作。于是，讨论来讨论去，双方最后还是下了决心，在不得已的情况下放弃朝鲜，让金日成及其政权和军队暂时退到中国的东北地区去。当时还将苏联的这种倾向性意见告诉了朝鲜方面。

不管周恩来去苏联带去两种意见，在毛泽东这边始终还是在做着出兵的准备。在收到周恩来关于苏联空军暂时不能出动和决定暂不出兵的通知之后，毛泽东立即下令暂停执行有关部队出动的原订计划，并电召高岗和彭德怀来京会商。

13日，彭德怀、高岗赶到北京，他们虽然对苏联暂时不能给予空军支援也感到意外和不满，但对于让金日成到东北来建立流亡政府，把美国人放到鸭绿江边上来的前景，深感不安。这也正是毛泽东的担心所在。在反复讨论了这种情况之后，政治局领导人一致认为，出兵朝鲜已经是唯一的选择了。

下面是毛泽东于10月13日发给周恩来的电报，从中可以看出毛泽东的出兵决心。

“（一）与政治局同志商量结果，一致认为我军还是出动到朝鲜为有利。在第一时期可以专打伪军，我军对付伪军是有把握的，可以在元山、平壤线以北大块山区打开朝鲜的根据地，可以振奋朝鲜人民。在第一时期，只要能歼灭几个伪军的师团，朝鲜局势即可起一个对我们有利的变化。

（二）我们采取上述积极政策，对中国、对朝鲜、对东方、对世界都极为有利；而我们不出兵，让敌人压至鸭绿江边，国内国际反动气焰增高，则对各方都不利，首先是对东北更不利，整个东北边防军将被吸住，南满电力将被控制。

总之，我们认为应当参战，参战利益极大，不参战损害极大。”①

14日，斯大林得到了周恩来的正式通报。这回，斯大林心里的一块石头落了地。一些年后，陈毅回忆说，斯大林当时被感动得掉下眼泪。他十分兴奋地正式通知金日成说：“经过摇摆和做出若干临时性的决定之后，中国同志终于下定出兵朝鲜的最后决心。有利于朝鲜的最终决定终于下定了。”

应该说，当时下决心出兵援助朝鲜，对于新生的中华人民共和国来说不是没有风险的。一则，国内百废待兴，困难很大，尚未解放自己的全部国土，还在继续进行统一领土的战争。在刚刚召开不久的七届三中全会上，已决定将工作重点从革命战争转移到恢复国民经济上来，明确党在当时的中心任务是争取国家财政经济状况的根本好转，为此已采取非常措施，裁减部队，削减军费，并让官兵参加生产活动。同时，还在进行大规模的土地改革运动，工农业生产有待于恢复。二则，从我军的战斗力来看，最关键的是没有空军。在美军掌握制空权的情况下出兵，必然有很大伤亡。联合国军总司令麦克阿瑟正是根据这一点，认为中国不会出兵。10月15日，

---

① 《毛泽东军事文集》第六卷，军事科学出版社1993年版，第117页。

麦克阿瑟在威克岛同杜鲁门会谈时曾说："中共在满洲集结40万大军，是事实。然而，以我专业知识判断，在联军掌握空军优势的情况下，中共领导人不会愚蠢地往韩国前线投入大规模的正规军。因为它的主力将会在前往平壤之前遭到联军空军的重大打击而被歼灭。"①

但是，中共中央和毛泽东经过慎重、反复的考虑，于10月8日毅然做出了出兵抗美援朝的战略决策。毛泽东以中国人民革命军事委员会主席的名义发布了《组成中国人民志愿军的命令》，令"东北边防军改为中国人民志愿军，迅即向朝鲜境内出动，协同朝鲜同志向侵略者作战并争取光荣的胜利"，指出："只要同志们坚决勇敢，善于团结当地人民，善于和侵略者作战，最后胜利就是我们的。"② 命令还宣布任命彭德怀为中国人民志愿军司令员兼政治委员。10月19日，中国人民志愿军雄赳赳、气昂昂，隐蔽地跨过鸭绿江，奔赴朝鲜前线。同日，毛泽东致电中南、华东、西南与西北四大局主要领导人，指示对志愿军参战目前只做不说："为了保卫中国支援朝鲜，志愿军决于本日出动，先在朝鲜北部尚未丧失的一部分地方站稳脚，寻机打些运动战，支持朝鲜人民继续奋斗。在目前几个月内，只做不说，不将此事在报纸上做任何公开宣传，仅使党内高级领导干部知道此事，以便在工作布置上有所准备，此点请各中央局加以注意。"③ 10月25日，打响了出国的第一仗。从此，展开了中朝两国人民和军队共同抗击美国侵略朝鲜的正义战争。

---

① 《朝鲜战争》第一卷，黑龙江朝鲜民族出版社1987年版，第4页。

② 《毛泽东选集》第五卷，第32页。

③ 《毛泽东军事文集》第六卷，军事科学出版社1993年版，第126页。

第五章

毛泽东、周恩来对朝鲜战争所做的极大贡献

在我们讨论朝鲜战争问题时，不得不对毛泽东、周恩来对朝鲜战争的贡献加以讨论。众所周知，我们往往一提到朝鲜战争，首先想到的是志愿军出国作战，统领志愿军的是彭德怀将军。对志愿军的将领诸如邓华、杨得志、洪学智、杜平、杨成武也是谙熟详悉，殊不知，在每一场战役的前前后后，当时党的主席毛泽东和政务院总理周恩来是花了多少心血啊！因此，在此特地将毛泽东、周恩来对朝鲜战争的伟大贡献专门列出一章，加以详细研究，从中可以看出他们是如何为了中国的国家安危、为了赢得世界人民的支持、为了世界和平所做的工作：从中也可以看出他们是如何把握战机，统揽全局，高屋建瓴，取得了这场战争的胜利的。

一、深思熟虑，把握全局

作为中国共产党和中国政府的最高首脑，毛泽东和周恩来对朝鲜战争给予了严重的关切。1950 年 6 月 28 日即朝鲜战争爆发后的

第三天，毛泽东就发表讲话指出："美国对亚洲的侵略，只能引起亚洲人民广泛的和坚决的反抗。"中国人民"既不受帝国主义的利诱，也不怕帝国主义的威胁。"必须"进行充分的准备，打败美帝国主义的任何挑衅。"① 同一天，周恩来以外交部长的身分，就杜鲁门27日的声明发表声明，严正指出："杜鲁门27日的声明和美国海军的行动，乃是对于中国领土的武装侵略，对于联合国宪章的彻底破坏。"他代表中华人民共和国中央人民政府郑重宣布："不管美国帝国主义者采取任何阻挠行动，台湾属于中国的事实，永远不能改变；这不仅是历史的事实，且已为开罗宣言、波茨坦宣言及日本投降后的现状所肯定。

7月6日，周恩来又代表中国政府发表声明，反对联合国安全理事会于6月27日在美国政府操纵下所通过的非法决议，指出，这一决议"是支持美国武装侵略、干涉朝鲜内政和破坏世界和平的"，破坏了联合国宪章。同时"这一决议是在没有中华人民共和国和苏联两个常任理事国参加下通过的，显然是非法的"②，中国人民坚决反对。8月20日，周恩来致电联合国安理会主席和秘书长，斥责美国制造朝鲜事件，侵略朝鲜和台湾，企图以此扩大战争，并阻挠和平解决朝鲜问题，支持苏联和平调处朝鲜问题提案，同时坚持反对美空军对朝鲜的野蛮轰炸。

针对美国飞机连续侵入中国东北领空，狂轰滥炸，8月27日，周恩来以总理兼外交部部长的身分，致电美国国务卿艾奇逊，提出严重抗议，同时致电联合国安理会提出控诉，要求安理会制裁美国

---

① 《在中央人民政府委员会第八次会议上的讲话》。《建国以来毛泽东文稿》第一册，中央文献出版社1987年11月版，第423页。

② 《向安理会发表的重要声明》，转引自《人民日报》，1950年7月7日。

对中国的侵略行径。

周恩来作为主持军委日常工作的副主席和政务院总理，密切注视朝鲜战争局势，时刻关注国家的主权和安危，他凭借着敏锐的政治嗅觉，从军事斗争格局的战略高度，清醒地意识到，由于美国的武装干涉，朝鲜内战形势很可能发生逆转；由于美军第七舰队开进台湾海峡，蒋介石集团正在窥测时机，蠢蠢欲动。一旦朝鲜战局恶化，很可能造成对我不利的南北对应的态势。

为了有备无患，1950 年 7 月 7 日和 10 日，周恩来根据中央军委的决定，连续两次亲自主持召开国防会议，朱德总司令、聂荣臻代总参谋长、总政治部罗荣桓主任以及其他有关方面负责人出席了会议。经过充分讨论，一致认为，随着美国介入朝鲜内战，战局有恶化的可能，必须提防美国扩大战争，甚至入侵我国。经毛泽东同意，在周恩来的主持下，本着积极防御的战略方针，会议决定，抽调战略预备队——第十三兵团（辖第三十八、第三十九、第四十 3 个军）和第四十二军，炮兵第一、第二、第八 3 个师，以及其他特种兵部队，共 26 万余人，组成东北边防军。其任务是，保卫祖国东北边防，并准备在必要时支援朝鲜人民军作战。7 月 13 日，中央军委根据两次国防会议的精神，做出了《关于保卫东北边防的决定》。接着，周恩来又协调军委三总部和政府有关部门具体组织边防军的调运工作。随后，各军、师迅即向东北开进，在靠近朝鲜的中国边境地区集结，并以美军为假想敌，展开突击整训，这是中国人民解放军由国内型战争走向国际型战争的重要一步。为此，周恩来做了大量的具体工作。

为了对朝鲜战局有一个准确的判断，总参谋部作战室和有关部门的同志，根据朝鲜战场态势，进行图上模拟对抗演习。结果表明，美军下一步行动最大可能是在人民军侧后登陆。而在6个可供登陆的港口中，以在仁川登陆的可能性为最大，后果也最严重，这将是美军企图扭转朝鲜战局凶狠厉害的一着棋。周恩来听了汇报后非常重视，认为这是朝鲜战局带有关键性的问题。他立刻向毛泽东作了简要汇报。毛泽东也非常重视这一判断。为了防止万一，毛泽东和周恩来决定马上采取三个措施：

第一，检查督促东北边防军各项战备工作的情况，严令在9月底以前完成一切作战准备工作，保证随时可以出动作战。并强调，只要把这件事办好，我们就主动了。

第二，将美军很可能在仁川等地登陆，和朝鲜人民军应该做的准备工作，通报朝鲜和苏联方面，供他们参考。

第三，总参谋部和外交部，要随时密切注视朝鲜战场情况的变化。

在几天后朝鲜人民军副总参谋长李相朝来访时，毛泽东、周恩来都向他指出美军在仁川登陆的可能性，并建议采取相应的措施。

根据与毛泽东商定的计划，8月26日，周恩来主持召开了检查和讨论东北边防军准备工作的会议。周恩来在会上作了重要讲话。他说，自6月25日朝鲜战争爆发以来，朝鲜问题就成了世界至少是东方局势的焦点。经过两个月作战，证明友方原来设想一鼓作气，把李承晚伪军和美军赶下海，很快解放全朝鲜是不可能了。目前敌人主力集结在洛东江三角洲进行死守，人民军要分割歼灭这些敌人已不大可能。根据多方面情况判断美军很可能要在仁川登陆。如果登陆成功，在洛东擅前线的人民军主力势必要向后撤，势必要准备在长期战争中进行复杂艰苦的斗争，逐步地消灭敌人。现在看来，最后各个歼灭美军的任务，势必要落在我们肩上。我们东北边防军必须在9月底以前做好一切作战准备，否则，万一形势恶化，就会措手不及，陷于被动。会议决定加速特种兵建设，年底前完成组训工作，会议还决定向苏联订购一批急需的装备，以便适应出国作战的需要。

8月31日，周恩来又主持召开了东北边防军建设计划会议。为了进一步加强东北边防，并在必要时有足够的机动兵力援助朝鲜人民军同美国侵略军和南朝鲜军作战，会议决定，东北边防军以11个军（36个师）70万人作三线配置，以第十二兵团（含第四十二军）为第一线，第九兵团为第二线，第十九兵团为第三线。会议还决定，从第四野战军抽调10万老兵，用于开战后补充一线部队。会议还要求后勤部门组织相应的医疗力量，这些决定，体现了周恩来以变应变，避免仓促应战的军事战略思想，为后来中共中央做出抗美援朝，保家卫国的重大战略决策，做了极为重要的准备。

为了把握朝鲜战争的发展趋势，必须进一步准确了解朝鲜战争的具体情况。中华人民共和国和朝鲜民主主义人民共和国曾在新中国成立后的第五天，就郑重宣告互相承认，正式建立了外交关系。但中国驻朝鲜首任大使倪志亮因病尚未到职。朝鲜内战爆发时，中国驻朝鲜大使馆尚未建立。因此，需要立即派人到朝鲜去开展工作。

周恩来看出朝鲜战争发展的必然性和急迫性，召集当时的外交部副部长章汉夫、军委情报部第一副部长刘志坚和正准备出国的外交官柴成文等人，指示他们迅速挑选几名军事干部，组成一个精干的班子，由柴成文负责，以驻朝鲜大使馆武官的名义，名为外交官，实质上是中国派往朝鲜的战地考察组，前往朝鲜同金日成保持联系，开展战场考察工作。在出国前，周恩来再次接见柴成文等即将出国的6位同志，向他们介绍和推断了朝鲜战争当前形势及发展趋势。指出，美国必然会纠集更多的国家出兵，所以朝鲜战争的长期化很难避免，这就会带来影响全局的一系列复杂问题。因此。保持两党两军之间的联系并及时了解战场的变化，就成为军事考察组的主要任务。并指示他们要向朝鲜同志表示支持，只要朝鲜同志提出要求，就一定尽力去做。由此可见，周恩来已经预见到朝鲜战争将长期化和复杂化，中国最终将出兵朝鲜，所以未雨绸缪，先做准备。

柴成文一行到达平壤后受到金日成首相的接见。金日成感谢中国党和政府的支持和帮助。柴成文率领的工作班子，迅速展开了工作。从此，有关朝鲜战场的情况，源源不断地发到北京中央军委和周恩来的手中。

在朝鲜战争初期，朝鲜人民军进展顺利，到8月份，已攻至洛东江边，解放了韩国90%以上的地区和92%以上的人口。在解放了的南半部国土上，开始实行土地改革和贯彻劳动法令，采取了教育、文化、保健等民主化的一系列措施。人们兴高采烈，以为整个南方指日可下，胜利在握。在庆祝“八一五”祖国解放五周年大会上，金日成向全军发出命令，要使8月成为完全解放朝鲜国土的月份。

然而，周恩来并没有被眼前的胜利所迷惑。他清醒地看到朝鲜人民军孤军突入，后方薄弱，战局很可能出现曲折和反复；认为美国决不会轻易甘心其失败，利用海空力量优势，很可能会反扑过来。他说：“不经过反复多次较量，不消灭美军的力量到不能支持的时候，朝鲜战争是不可能轻易结束的。这个战争将是一个持久复杂的斗争，至于持久到什么时候，是一年、二年、三年？甚至更长，要看各方面情况的发展变化才能确定。反正一两个月，一两个战役是不行的。我们宁可把情况估计得复杂一点。”① 周恩来提出朝鲜战争是一场持久战争的预见，被后来的战争实践所完全证实。

9 月 15 日，一个不幸而言中的判断成了无情的现实，美军果然在仁川登陆，战局急转直下。金日成代表朝鲜党和政府恳切地提出要中国出兵支援他们。这时，斯大林也给中共中央发来电报，询问中国能否出兵，助朝鲜人民一臂之力。

9 月 30 日，周恩来在中国人民政治协商会议全国委员会为建国一周年举行的庆祝大会上，向全世界宣布：“中国人民热爱和平，但是为了保卫和平，从不也永不害怕反抗侵略战争。中国人民决不能容忍外国的侵略，也不能听任帝国主义者对自己的邻人肆行侵略而置之不理。”② 从而表明了在不得已时，中国人民将举起出兵援助邻邦的义旗。

朝鲜战局瞬息万变，为了做好出兵的各项准备，周恩来决定再为驻朝使馆增派 5 名武官，前往朝鲜熟悉情况，勘察地形，做战场准备。9 月 18 日，周恩来接见了全体先遣人员，交代他们先期入朝，实地了解大兵团出动后的后勤保障问题，并指示柴成文率领新派武官尽快出发。先遣组到达朝鲜后，立即从作战、供应两个大的方面进行了实地考察，积极为大兵团出国作战做必要准备。

从 1950 年 10 月 1 日开始，中共中央政治局连续举行会议，讨论朝鲜战局。关于出兵问题，中央领导虽然早有考虑，早有准备，

① 转引自雷英夫《抗美援朝战争几个重大决策的回忆》，《党的文献》1993 年第 6 期，第 77 页。

② 《为巩固和发展人民的胜利而斗争》，《周恩来选集》下卷，人民出版社 1984 年版，第 37 页。

但因问题重大，一直思之未决。当时有一些中央领导同志认为，中国连年战争，破坏很大。现在建国才一年，当务之急是发展生产。不到万不得已时，最好不打这一仗。因此一时难以形成一致意见。

10 月 2 日，毛泽东让与会者着重摆出兵的不利条件和出兵后的困难。大家畅所欲言，摆了不少不利条件和困难。毛泽东听了大家的发言后说，发表了自己的看法，“你们说的都有理由，但是别人处在国家危急时刻，我们站在旁边看，不论怎么说，心里也难过”。就在 10 月 2 日这一天，毛泽东做出了举足轻重的决策，决定用志愿军的名义，派一部分军队到朝鲜境内同美、李军作战，援助朝鲜人民。但没有下达行动命令，也未通知朝鲜政府。

周恩来对毛泽东的正确决定是完全拥护的。周恩来说：“中朝是唇齿之邦，唇亡则齿寒。朝鲜如果被美帝国主义压倒，我国东北就无法安定。我国的重工业半数在东北，东北的工业半数在南部，都在敌人轰炸威胁的范围之内。如果美帝打到鸭绿江边，我们怎么能安定生产？……假如我们采取消极防御的办法，那是不行的。消极防御也要花许多钱。军事上，除装备之外，还有兵力问题，鸭绿江一千多里的防线，需要多少部队！而且年复一年，不知它哪一天打进来。这样下去怎么能安心生产建设？况且敌人如果敌人将朝鲜侵占了，也不会就此罢手。所以，从朝鲜在东方的地位和前途的展望来说，我们不能不援助；从唇齿相依的关系来说，我们也不能不援助。这是敌人把火烧到了我们的大门口，并非我们惹火烧身。”①

党中央、毛泽东做出出兵决策之后，周恩来挑起了协助毛泽东组织领导这场战争的重担。在毛泽东做出出兵决策之后，周恩来为

---

① 《抗美援朝，保卫和平》，《周恩来选集》下卷，人民出版社 1984 年版，第 51－52 页。

避免战争扩大，使朝鲜问题得到和平解决，又作出一个很重要的外交、军事部署，通过适当渠道，再警告美国一次。10 月 3 日凌晨，周恩来约见印度驻中国大使潘尼加，请他给美国方面传个话："美国军队正企图越过三八线，扩大战争。美国军队果真如此做的话，我们不能坐视不顾，我们要管。……对美帝侵略朝鲜我们不能置之不理，我们如坐视不救，敌人必然继续前进，咄咄逼人，直到鸭绿江边，所以我们要理，要管。"① 但是美国却把我国政府的声明、谴责、警告一概视为恫吓，认为中国软弱可欺，不予理睬。

10 月 7 日，联合国不顾中国政府的警告，又通过了"统一"朝鲜的所谓决议，美军也越过了三八线。10 月 8 日，毛泽东发布了关于组建中国人民志愿军的命令，任命彭德怀为中国人民志愿军司令员兼政治委员，并下达了"迅即向朝鲜境内出动"② 的命令。

10 月下旬，周恩来秘密赴苏联，与斯大林商讨苏联空军的空中掩护及给中国军队的军事装备问题。会谈后，斯大林表示暂不出动空军掩护志愿军。14 日，在得到苏方将以信用贷款的方式给予援助和将出动 16 个团的航空兵掩护中国人民志愿军的答复后，周恩来致电毛泽东，报告了上述情况。这一天，周恩来先后收到毛泽东的两封电报，分别介绍朝鲜战局的最新情况和我志愿军出动后的初步计划，并指出"我军决于十月十九日开动"。③ 周恩来迅将两电内容通知了斯大林。

---

① 《抗美援朝，保卫和平》，《周恩来选集》下卷，人民出版社 1984 年版，第 52 页。

② 《组成中国人民志愿军的命令》，《毛泽东军事文集》第六卷，军事科学出版社 1993 年版，第 109 页。

③ 《志愿军入朝作战的方针和部署》，《毛泽东军事文集》第六卷，军事科学出版社 1993 年版，第 122 页。

鉴于“联合国军”北进甚速，平壤危在旦夕。15 日 5 时，毛泽东当机立断，改变了 4 个小时前发出的“志愿军决于十月十八日至迟十九日开始渡江”的命令，指示彭德怀、高岗：“我军先头军最好能于十七日出动”，“第二十军可于十八日出动，其余可在尔后陆续出动”。[①] 但是，就在这极其严峻的形势面前，斯大林却从苏联自身利益出发，为避免同美军直接对抗，改变了主意，指示莫洛托夫转告周恩来，苏联只派遣空军到鸭绿江北岸的中国境内驻防，两个月和两个半月后也不准备进入朝鲜境内掩护中国人民志愿军作战。16 日，周恩来飞离莫斯科。

得知斯大林改变主意的消息后，17 日 17 时，毛泽东急电彭德怀停止执行 17 日入朝命令，并要彭、高再次返京商谈。

18 日，毛泽东主持召开政治局会议，再次研究出兵问题。刚刚回到北京的周恩来在会上汇报了同苏方会谈的情况，彭德怀汇报了志愿军出动前的准备情况。会议正式决定中国人民志愿军于 19 日入朝参战。总之，在是否出兵、何时出兵的问题上，虽受到苏联关于出动空军、军援问题的影响，一波三折，反复多次，但以毛泽东为首的中共中央在做出支援朝鲜人民民族解放战争、出兵入朝的重大决策上，决心是坚定不移的，也是十分慎重的。

二、运筹帷幄，指挥作战

对于朝鲜战场上的具体战役，毛泽东、周恩来运筹帷幄，给予

---

① 《志愿军参战部队出动的时间》，《毛泽东军事文集》第六卷，军事科学出版社 1993 年版，第 124 页。

了大量的电报和指示，使得前方的战役取得了一个又一个的胜利。据我初步统计，毛泽东在1950年10月至1953年10月这三年中，有100多篇关于朝鲜战争的讲话、电报、文稿等，有大政方针的，比如《志愿军入朝参战及参战后的战略方针问题》、《组成中国人民志愿军的命令》、《决定派遣志愿军入朝作战》、《志愿军入朝作战的方针和部署》、《我军应当和必须入朝作战》、《抗美援朝的斗争必须继续加强》、《抗美援朝的胜利和意义》等；有战术安排的，比如《对四十军行动部署的意见》、《对第一次战役的部署》、《围而不歼诱敌来援》、《九月战役的兵力部署和粮弹准备》；还有指挥具体战斗的，比如《控制妙香山小白山隔断东西两敌》、《先歼伪第一第六第八师后打美英军》、《以四十二军一部迅占宁远德川孟山诸点》、《主力宜在顺川肃川线作战》等。由此可见，毛泽东不但做出了出兵朝鲜的决定，还对各个战役和具体战斗作了许多指示，使整个朝鲜战争的主动权始终掌握在毛泽东手中，最终取得了胜利。

我们知道，中国人民志愿军决定出国作战之时，朝鲜战上的敌军正分三路向朝鲜的首都平壤至东部港口城市元山一线推进。东路为韩国第一军团2个师；中路为韩国第二军团3个师；西路美国第九军2个师、英国1个旅及韩国1个师为一线部队，美军第九军指挥2个师在美第一军后面跟进。二路均由美国第八集团军统一指挥。为了配合美第八集团军陆仁的进攻，麦克阿瑟从日本增调美第十军开往元山海域，准备再次实施登陆作战，同第八集团军在平壤、元山会合。然后再向北推进，由李伪军打头阵，一直推进到鸭绿江边，“联合国军”则在离中朝边境以南七八十公里外建立缓冲地带，此时朝鲜人民军主力部队尚被隔断在三八线以南地区。

根据战场态势，周恩来和毛泽东研究志愿军出动后如何行动的问题，他们根据志愿军装备极为落后的实际情况，决定从打防御战开始。他们规定，在志愿军入朝后，先在平壤至元山铁路线以北，德川至宁远沿线以南地区构筑2至3道防御阵地，第一期只打防御战，歼灭小股敌军。如敌来攻，则在阵地前将其分割歼灭之；在6个月之内如敌军固守平壤、元山不出，则我军亦不去打平壤、元山。待我军从苏联订购的装备到达，并装备训练完毕，空中和地上均对敌具有压倒优势条件之后，即在s个月以后再谈攻击问题。

10月15日，美国总统杜鲁门飞赴太平洋中部的威克岛，与麦克阿瑟讨纶朝鲜战局。他们错误估计了中国人民反抗侵略的决心和力量，认为中国军队不可能在这么短的时间里组织力量出国作战，即使出兵也只能是象征性的派五六万人进入朝鲜保障边境地带的安全，不足为虑。况且出兵朝鲜的有利时机已经过去。美李军可以大胆北进，麦克阿瑟狂妄地叫嚣要在“感恩节”（11月23日）前结束战争。这时侵朝的联合国军总兵力已达42万人，第一线的作战部队有13万余人，气焰嚣张异常。

面对朝鲜战场形势的急剧变化，毛泽东、周恩来再次审慎地全面分析了志愿军出国作战后将可能发生的情况，他们认为，第一，如果志愿军能够利用刚刚出国作战的突然性，在一开始就消灭李伪军2至4个师，打一个大胜仗，敌人的整个战线将被我军打乱，出现对我有利的态势，而敌人将立即处于被动的地位。反之，突然性作战的胜利不大，未能达成迅速消灭李伪军第一线的几个师，让第二线敌军增援上来，迫使我军从阵前后撤，将对我军下一步作战不利。第二，敌人空军对我军行动造成危害的大小，将严重影响我军作战的行动。如果我军能够熟练利用夜间行动，使敌人虽有大量飞机但不能给我军以太大的杀伤和妨碍，则我军可以放手进行野战，除朝鲜几个大城市在我无空军掩护下无法攻取外，其余任何地方的敌人都可能被我军各个歼灭，即使美国再从国内增调几个师，我军也有能力将其各个歼灭，并有迫使美国同我进行外交淡判的可能。反之，如果敌人空军严重影响我军的作战，则我军在空军未能出动之前的半年到一年之内，将处于很困难的地位。第三，如果我军能够争取给美军一个措手不及的打击，在较短的时间里消灭美李军几个师，造成美军在从国内增兵到朝鲜之前，增补跟不上消耗，这将使敌人处于非常困难的地位，反之，在敌人得知我军大批出动后，往朝鲜战场投入更大的兵力，则将使我军处于极为不利的地位。

基于对作战趋势的这种判断，毛泽东、周恩来认为原先拟定的作战计划已难以实现，志愿军应迅速向朝鲜境内出动，抢先占领有利地形和战略要点，以争取主动。同时，由于敌军盲目冒进，东西两线距离过大，无法相互支援，给我军创造了在运动中予敌以突然打击、各个歼灭的极好机会。根据战场形势的这些变化，毛泽东、周恩来决定采取以下五项措施：

一是命令中国人民志愿军立即入朝。10 月 18 日，志愿军司令员彭德怀以毛泽东的名义，命令志愿军于 19 日开始向朝鲜境内出动，争取战机。第二天，党中央正式向党内发出通知：“为了保卫中国支援朝鲜，志愿军决于本日出动，先在朝鲜北部尚未丧失的一部分地方站稳脚，寻机打些运动战，支持朝鲜人民继续奋斗。”①

二是改变原定第一个时期以防御作战为主的部署，确定采取在运动中各个歼灭进攻之敌的作战方针。

---

① 《志愿军参战目前只做不说》，《毛泽东军事文集》第六卷，军事科学出版社 1993 年版，第 126 页。

三是按照我军一贯先打弱敌的作战原则，决定首先打击李伪军，争取首战能够歼灭李伪军三几个师，夺取第一仗的胜利。

四是决定集中主力首先打击对我威胁最大的西线之敌。

五是必须力争保持战略、战役的突然性，在意外的打击下造成敌指挥官惊慌失措，处置失当，为我军下一步作战行动创造戎机，同时造成敌人士气低落，厌战情绪增加。

为了保障战役的胜利，周恩来指示东北军区加紧做好志愿军的各项后勤保障工作，组建前方后勤指挥所，确定部署三条纵向兵站线，分别由三今后勤分部负责向前方运输各种作战物资，每条兵站线则从国内到前线分三线作纵深梯次储备作战物资。

志愿军总部根据中央军委和毛泽东的指示，于10月19日晚开始，率领中国人民志愿军分三路秘密渡过鸭绿江进入朝鲜。各部队采取夜行昼伏，严密伪装，封锁消息，以战斗姿态向预定作战地区开进，随时准备在运动中歼灭敌人。10月25日，志愿军与向北冒进的李伪军遭遇，当天即歼灭李伪军1个整营及配属的1个炮兵纵队，打响了志愿军入朝后的第一个战役，至此揭开了抗美援朝战争的序幕。

志愿军总部在毛泽东、周恩来的具体指导下，针对敌军以师、团为单位分散冒进的实际情况，多次变更部署，积极捕捉战机，灵活地采用了分别歼敌、逐步扩大战果的办法，给向北冒进的敌军以迎头痛击，从而使仓促入朝作战的志愿军在交战一开始便取得了先机之利。掌握了战役主动权，为各个歼敌创造了有利条件。根据敌军机械化程度高，重装备多，作战物资消耗大，所带来的对道路和后方补给依赖性极大，从而对其侧后十分敏感的特点，以及怕夜战、近战，攻击精神差，对空军、炮兵和坦克的依赖大，惧怕被分割包围的这些弱点，中国人民志愿军大胆地实施战役迂回，采取穿插分割、迂回包围的战术，切断敌人的退路，造成敌军全线动摇，迅速撤退。志愿军勇猛追击，经过连续13昼夜的英勇作战，歼灭敌军1.5万余人，其中给李伪军第六师以歼灭性打击，重创伪第一、第八师，美王牌军骑兵第一师第八团直属队及第三营被全歼，击溃了企图救援的美骑一师第五团。把疯狂进犯的敌人从鸭绿江边一直打退到清川江以南，粉碎了敌人企图于“感恩节”前占领全朝鲜的计划，初步稳住了朝鲜战局，赢得了初战的胜利。

彭德怀认为，第一战歼灭敌人数量不多，而且我军实力尚未暴露。基于敌人可能稍事喘息，调整兵力后再次发动进攻的情况判断，为保持战场主动地位，彭德怀向中央军委建议我军暂时停止继续进攻，巩固现有胜利，争取诱敌深入后再各个加以歼灭。毛泽东、中央军委同意了彭德怀的建议，并指示志愿军积极创造战场。志愿军遵照中央军委指示，恢复疲劳，总结经验，加强运输，储备粮弹，准备再战。

毛泽东、周恩来决心利用敌人恃强骄横、判断错误的时机，采取诱敌深入，继续以运动战、阵地战和游击战相结合，内线与外线相结合的方针，力求在运动中消灭敌人。打击重点仍选择西线敌军，准备将四线敌军吸引到大馆洞、妙香山一线预设战场，加以歼灭。为了保证战役的顺利进行，决定志愿军第九兵团迅速入朝参战。周恩来要求东北军区与敌人空军的狂轰滥炸作坚决的斗争，全力保障志愿军的后勤供应。根据周恩来的指示，东北军区后勤部前方指挥所增设了一个后勤分部并对原有分部进行了加强，调1个铁道兵师入朝，参加铁路抢修，以增强物资运输能力。

中国人民志愿军东西两线部队根据中央军委的意图，节节阻击，步步后退，诱敌向预定战场放胆前进。敌人错误地判断志愿军“怯战退走”，并断定志愿军兵力“最多不过六七万人”，其所实施的空中战役已迫使支援部队不能进入朝鲜，于是加快了进攻速度。麦克阿瑟对中国人民志愿军的作战意图毫无察觉。他乘飞机亲临战场上空指挥，当东线美军3个师已抵达对志愿军进行包围的重要位置上时，便认为他的钳形攻势即将成功，立即下令全线发起总攻。同时发表《公报》，向全世界宣布要在圣诞节（12月25日）结束朝鲜战争，并狂妄叫嚣，历史上鸭绿江并不是不可逾越的障碍，妄图进一步扩大侵略。

11月24日，西线清川江以东的李伪军3个师已开始进入中国人民志愿军预定战场。周恩来立即指示中央军委电示志愿军总部，指出志愿军在清川江东岸发起进攻后，在清川江以西的美军两个师将很可能向东增援，清川江西岸志愿军现在的部署，难以达到配合东岸部队歼灭李伪军2个师的目的，进而可能影响志愿军下一步作战计划的实施。建议西岸志愿军调一个军东进，与东岸部队靠拢，既可增强志愿军左翼的突击力量，保证歼灭3个李伪军师，又可及时阻击美军的增援，并对下一步对美军作战造成战役迂回的有利条件。中国人民志愿军总部根据军委指示和当前敌情变化，及时调整了部署。第二天，西线各路敌军均进入志愿军预定战场。当天夜里，西线志愿军乘敌立足未稳，出其不意地首先发起了反攻。志愿军担任迂回任务的部队以坚强的战斗意志，果敢穿插，行动迅速，按时到达指定位置，切断了敌人的退路。担任正面攻击的部队迅猛突击，以战役迂回和战术分割相结合的战法，迅速将敌人分割包围，逐一加以歼灭。经过6天的艰苦战斗，西线志愿军歼灭了李伪军第七、第八两个师和土耳其旅大部，并给了美第二师以歼灭性打击，重创美骑兵第一师和第二十五师。继西线志愿军发起反击之后，东线志愿军于 11 月 27 日也开始向当面之敌发起反攻，采取与西线志愿军同样的战法，连续作战，给美陆战第一师及步兵第七师以歼灭性打击。

这时麦克阿瑟才如梦初醒，志愿军主力果然过了江，应验了他所说的，中国的大队人马过江，将使“联合国军”有“全部被歼的危险”。他一面惊恐地向美国参谋长联席会议报告中国军队大举反攻的情况，一面决定立即将部队撤至朝鲜半岛的蜂腰部之元山、阳德、成川、肃川一线组织防御。29 日，敌人全线撤退。中国人民志愿军根据毛泽东、中央军委的指示，立即转入全线反攻。兵败如山倒，溃退的敌军一发不可收拾，根本不可能在预定地带建立防御阵地，一气逃到三八线以南，连美军第八集团军司令沃克也在仓皇逃跑时翻车身亡。至此，除襄阳一地外，收复朝鲜北部全部领土，并在部分地段前进到三八线以南地区。

第二次战役，是志愿军在战略反攻阶段打得最漂亮的一次战役。这次战役，毛泽东、周恩来利用敌人战略上的错误判断和恃强狂傲的心理，采取诱敌深入的方针，从而取得了大大超过原来预想的重大胜利，中国人民志愿军同朝鲜人民军一起把敌人从鸭绿江边打回到三八线以南，粉碎了美军迅速占领朝鲜的企图，迫使敌人由进攻转入防御。扭转了朝鲜战局，为取得抗美援朝战争的胜利奠定了基础。

随后，中国人民志愿军又连续进行了第三、第四和第五次战役，经过与敌人在三八线南北一带反复争夺，将战线稳定在三八线附近地区。

根据对国际形势和战场局势的分析，周恩来认为中国人民志愿军入朝作战已完成了战略反攻的任务。战争将进入一个相互对峙的新阶段。在这个新的阶居中，志愿军的作战方针应不同于反攻阶段以运动歼敌的方针，他及时向毛泽东提出，志愿军在战略上应采取“持久作战，积极防御”的战略方针，毛泽东赞同周恩来的建议，决定采取持久作战和争叹和谈达到结束战争的指导方针。聂荣臻在回忆这次军委会议的情况时说：“第五次战役以后，中央开会研究下一步怎么办，会上多数同志主张我军宜停在三八线附近，边打边谈，争取谈判解决问题，我当时也是同意这个意见的，我认为，把敌人赶出朝鲜北部的政治目的已经达到，停在三八线，也就是恢复战前状态，这样各方面都好接受。如果战争继续下去，我们不怕，而且会越打越强，但是，也不是没有困难。会议在毛泽东同志主持下，最后确定了边打边谈的方针。”

美军为了夺取战场上的主动地位，利用其空中优势，集中打击中国人民志愿军后方运输线，这就成了战争第二阶段的一个突出特点。周恩来以极大的精力领导了后勤战线上的这场战争，先后粉碎了敌人的空中“绞杀战”、细菌战，以及企图实施登陆作战切断志愿军后方运输线的阴谋。

周恩来协助毛泽东组织领导整个抗美援朝战争，是在他担任政务院总理，领导全国各项工作的同时进行的。他对朝鲜战场的有关电报都要亲自审阅。他既要研究作战问题，还要抓后勤保障问题，更重要的是积极领导外交战线上的斗争，紧密配合志愿军在战场的作战行动。经过他的艰苦努力，使世界舆论发生了很大变化，从开始有许多国家支持美国出兵朝鲜，到后来许多国家转而站在中朝人民一边反对美国侵略朝鲜，并在全世界掀起了一个强有力的反对美国侵略朝鲜争取世界和平的运动。为了及时了解美军这个对手的作战特点，他考虑非常仔细，发动曾留学美国的原国民党起义将领及在押的战犯，撰写有关美军作战的战术特点、武器装备的性能等资料，为中国人民志愿军赴朝作战提供帮助。

三、领导停战谈判斗争

1950 年 10 月 2 日，在志愿军赴朝参战之前，苏联等国就曾向第五届联合国大会提出和平解决朝鲜问题的提案。朝鲜战争爆发以后，中国一直主张和平解决朝鲜问题。当苏联等国提出和平解决朝鲜问题提案时，周恩来立即代表中国政府发表声明，支持这项提案，但这项提案却被美国操纵的联合国否决了。美国无视中国政府的声明，把侵略战争推进到中国东北边境，在这种情况下，中国人民被迫应战。志愿军参战的目的，就是为了争取在公平合理的基础上和平解决朝鲜问题，维护世界和平。

美国之所以提出停战谈判，是不得已而为之。毛泽东、周恩来对此是一清二楚的。

首先，美国兵力不足。当时，美军现役陆军只有 18 个正规师，投入朝鲜战场就有 7 个半师，占总数三分之一还多。除去在欧洲部署的 4 个师，国内仅剩下 6 个战斗师，而且又多是定额不足、缺乏训练的部队，因此，再往朝鲜增兵，就非常困难了。这是它致命的弱点。

其次，长期陷入朝鲜战争不符合美国全球战略。第二次世界大战后，美国一直把欧洲作为同社会主义国家进行斗争的全球战略重点，并把苏联作为斗争的主要对手。在朝鲜战争中，美国主要的作战对象是中国军队，而不是苏联军队，美国军事力量在朝鲜大量消耗，而苏联则养精蓄锐，以逸待劳，这同其以欧洲为重点的全球战略发生了深刻矛盾。所以，在朝鲜长期打下去对美国是极其不利的。

第三，战争消耗太大。美军侵朝仅一年，已经伤亡 10 万余人，运往朝鲜的各种物资竟达 1500 万吨，直接战争费用 100 多亿美元。这几个方面的消耗都比它在第二次世界大战中第一年的消耗多 1 倍。由于侵朝战争，美国当年的军费是 484 亿美元的预算，第二年度增加到 600 亿美元，使每一个美国人平均分担 307 美元，加重了美国人民的负担。战争的巨大消耗，引起美国人民的强烈不满，要求和平和停止侵朝战争的反战情绪日益高涨。

这时，美国正在为前进不能，后退不利的进退维谷的窘境而感到苦恼。朝鲜战争走进了死胡同。美国不得不放弃以武力“统一”朝鲜的企图，不得不重新考虑解决朝鲜问题的途径。1951 年 5 月 16 日，美国国家安全委员会做出了通过停战谈判结束敌对行动的决定，准备同中朝方面进行谈判，寻求所谓“光荣的停战”。

周恩来对于美国的战略企图了如指掌，对于中国人民志愿军的情况更是全局在胸。周恩来既明了新中国所面临繁重的经济建设任务，又明了取得抗美援朝战争胜利对于保卫祖国、维护东方和世界和平的重大意义；既了解敌方在战场上的狂妄与脆弱，又了解志愿军的优势和弱点。当时志愿军虽然步兵占有很大优势，但由于敌我装备相差悬殊，部队机动和物资供应均受到很大限制，因而难以充分发挥志愿军的作战效能。因此，在这种情况下，志愿军企图歼灭敌人重兵集团是困难的。而要彻底解决朝鲜问题，关键在于大量歼灭敌人有生力量，但这需要有一个敌我力量的梢长过程。周恩来认为战争是一种综和力量的较量，战争的胜负要受各种因素的制约。我们只能在客观条件允许的范围内去争取战争的胜利，而不能有丝毫不切实际的幻想。既然速胜是不可能的，那么当客观上出现停战谈判的可能性时，就应该抓住时机，争取和平解决朝鲜问题，何况这和我们的参战目的、一贯主张是完全一致的。周恩来高瞻远瞩，对于形势的正确判断，反映了中国政府对待朝鲜战争的分析和谈判的态度。

是否与美方举行停战谈判，是关系到中、朝两国的大事。毛泽东、周恩来一向尊重朝鲜人民的领袖金日成。在朝鲜战争期间，每有重要决定，都要事先与朝鲜政府协商。当美国政府于6月中旬又通过中立国家的外交使节向中国政府进行停战谈判的试探之后，金日成应中国政府邀请，于6月30日到达北京，同毛泽东、周恩来共同讨论朝鲜战事的发展趋向，协调以后的行动。关于谈判时机，双方一致认为，综观战场实力，我占优势，如能再歼灭更多一些敌军后再谈判，会更有利；关于谈判条件，双方一致认为：和平解决朝鲜问题，是中朝两国的历来主张，如能讨论以逐步撤退外国军队，包括朝鲜的前途等问题为条件，我方不宜拒绝，这样，敌方由于在战争中连连碰壁，无计可施，放弃了战争初期侵占全朝鲜的企图，中方也达到了恢复战前状态的参战目的。可谓一方无可奈何，前倨后恭，提出妥协方案；一方伺机而行，见好就收，争取主动。从此，朝鲜战争出现了边打边谈、文谈武打同时进行的新局面。

经过紧张的准备，朝鲜停战谈判于1951年7月10日在开城正式开始。朝鲜停战谈判是在战争仍在进行的情况下举行的，因此战场上较量的结果对于谈判成功与否起着决定性作用。美国迷信其强大的军事技术优势，企图用武力压中朝两国，以期从谈判桌上得到它在战场上得不到的东西，这当然是痴心妄想。

中国人民志愿军刚入朝时，周恩来就说过："现在对美帝如果不抵抗，一着输了，就会处处陷于被动，敌人将得寸进尺。反之，如果给以打击，让它在朝鲜陷入泥坑，敌人就无法再进攻中国，甚至会影响它派兵到西欧的计划。"① 他还说："美帝国主义用武力压迫别国人民，我们要使它压不下来，给它以挫折，让它知难而退，然后可以解决问题。我们是有节制的，假如敌人知难而退，就可以在联合国内或联合国外谈判解决问题，因为我们是要和平不要战争的。"② 在这里，他把战场上的抵抗和胜利同进行谈判、争取和平之间的关系讲得十分清楚。因此，谈判开始后，毛泽东和周恩来一直坚持争取和，准备打、不怕拖的方针。

整个停战谈判，大体上可以外为五项内容：

第一项是解决谈判的议程问题。

第二项是划分停战后的军事分界线问题。

第三项是在朝鲜境内实现停火与休战的具体安排，包括监督停火休战条款实施机构的组成、权力与职司。

第四项是关于战俘的遣返问题。

第五项是关于召开高一级的政治会议，讨论从朝鲜撤退一切外国军队以及和平解决朝鲜问题。

1952 年是美国的大选年。杜鲁门为了民主党的竞选，不想当年在朝鲜停战，以免被共和党指责为承认失败。共和党候选人艾森豪威尔处境不同，回旋余地较大，他竞选时许诺当选后将去朝鲜结束战争，因此周恩来特别关注这年的美国大选。

---

① 《抗美援朝，保卫和平》，《周恩来选集》下卷，人民出版社 1994 年版，第 53 页。
② 《抗美援朝，保卫和平》，《周恩来选集》下卷，人民出版社 1984 年版，第 53 页。

美方在战俘问题上从四个方面向中方施加压力：一是在谈判桌上炮制“一对一”交换，“平民顶战俘”的谬论，拒绝全部遣返中朝被俘人员。为迫使中方接受其无理要求，动辄单方面休会，十分无理。二是操纵联合国通过相应决议，以壮声势，欺骗舆论。三是在战俘营里制造多起惨绝人寰的大屠杀，并对战俘进行“甄别”，强迫刺字、按手印、写血书、转移营地，要求遣返即遭毒打、截肢或杀害，甚至挖心割肉，以恫吓其他俘虏。四是在上甘岭地区发动攻势，继续进行细菌战，如紧轰炸中国边境城市，扬言扩大战争，企图以此来胁迫中国政府在战俘问题上屈服。

对于敌人的种种伎俩，中方进行了针锋相对的斗争。对敌人强扣和屠杀被俘人员的暴行，周恩来和中方谈判代表团分别发表声明，详加揭露，并以中方被俘人员可歌可泣的反抗和斗争，证明敌人所谓的“强迫遣返”是彻头彻尾的谎言。对联合国大会在 1952 年 12 月 3 日通过关于朝鲜问题的决议，周恩来致电联大主席，指出在战俘问题上，联大支持了美国的错误立场，是在中朝没有参加的情况下通过的，是非法无效的。对敌人发动的上甘岭战役，志愿军英勇奋战，一个半月歼敌 25 万人，美方大惊。中方宣布准备一直打到美帝国主义愿意罢手时为止。对敌人进行的细菌战、轰炸中国领土的强盗行径，周恩来提出强烈抗议。并对敌人叫嚷要蒋介石集团出兵，在朝鲜后方进行两栖登陆做了准备。总之，整个朝鲜停战谈判是“压”与“顶”的过程，即美方不断施加压力和中方坚持原则坚决顶回去的过程，在谈判俘虏问题阶段尤为明显，使美方骑虎难下。

1953 年 1 月上台的美国新任总统艾森豪威尔（接替杜鲁门）面对这个谈判形势，从总的战略出发，不得不改变破坏和拖延的政策，开始实行转弯。1953年3月28日，美方提出先交换伤病战俘便是一个信号。

具有非凡政治头脑和外交眼光的周恩来，敏锐地抓住了美方的新动向，同意交换伤病战俘，并建议恢复由美方无限期中断的谈判。以此为契机，为推动停战的实现，中方采取了自谈判以来的最关键的步骤，也是最大的让步。

1953年3月30日，周恩来发表关于朝鲜停战谈判的声明。声明说："中华人民共和国政府和朝鲜民主主义人民共和国政府一致主张，朝鲜人民军和中国人民志愿军的停战谈判代表应即与联合国军停战谈判代表开始关于在战争期间交换病伤战俘问题的谈判，并进而谋取战俘问题的通盘解决。"声明还说，中朝两国政府为了消除谈判双方在战俘问题上的分歧，促成停战，提议："谈判双方应保证在停战后立即遣返其所收容的一切坚持遣返的战俘，而将其余的战俘转交中立国，以保证对他们的遣返问题的公正解决。"声明指出，这一提议并非放弃了日内瓦公约的遣返原则，也并非承认了联合国军方面所说的有所谓拒绝遣返的战俘，而是为终止朝鲜流血所采取的新步骤，以便将在对方恐吓和压迫下心存恐惧，不敢回家的我方被俘人员在停战以后转交中立国，并经有关方面的解释，以保证他们的遣返问题能得到公正解决。① 周恩来提出的这一新的方案，成为恢复停战谈判和最后达成停战，战俘遣返协议的基础，因而在国际上受到广泛欢迎。

对把暂时不能遣返的战俘交往中立国的提议，美方以存在实际困难为由加以反对。中方遂同意把他们交由设在朝鲜非军事区的中

① 《关于朝鲜停战谈判问题的声明》，《人民日报》，1953年3月31日。

立国遣返委员会看管一段时期，以便他们在不受威胁的情况下，行使被遣返的权利，6 月 8 日，双方终于达成了最后协议并正式签字。周恩来认为，这个协议虽然采纳了印度原先向联大提出的有关提案中的某些步骤，但与该提案却有很大不同。印度提案要把最后剩下的战俘交联合国处理，而联合国当时是交战的一方，这是中方所不能接受的。况且，当时美方气焰嚣张，还不想真正停战，只是要逼我就范。如果中方那时让步而接受印度提案，就等于在压力下示弱，正中美国下怀，是不可取的。

在战俘遣返问题上，中方始终坚持了全部遣返的原则，但从实现停战的全局利益考虑，在遣返的步骤、时间和方法上作了必要的让步。至于如何掌握让步的程度和时机，周恩来曾经指出，美国蛮横无理时不能让步，虚张声势时不能让步，不起作用时不能让步，让步必须能扭转局势。他在战俘问题谈判陷入僵局时提出“分两步走”的建议，促成了战俘问题以至停战协议的签订，生动体现了原则的坚定性和策略的灵活性的高度统一。

抗美援朝战争，是新中国成立后第一次进行的国际性现代化战争。在这场战争中，周恩来作为毛泽东的主要助手，坚决执行积极防御的国防战略思想，成功运用“人不犯我，我不犯人，人若犯我，我必犯人”和“有理、有利、有节”的斗争策略思想。中国人民同朝鲜人民一道，打败了以美帝国主义为首的“联合国军”歼敌 100 多万人，赢得了这场战争的胜利，不仅支援了朝鲜人民，也保卫了中国的安全，迫使敌人于 1953 年 7 月 27 日在板门店正式签订了停战协议。朝鲜战争最后以中朝方面胜利和美方失败而结束。无怪乎“联合国军”总司令克拉克在他后来撰写的回忆录中发出如此哀鸣：“我成了历史上签订没有胜利的停战条约的第一位美国司令官。我感到一种失望的痛苦，我想，我的前任，麦克阿瑟和李奇微两位将军一定具有同感。”

抗美援朝战争中，毛泽东和周恩来从战争实际出发，运用灵活的战略战术，因势利导，扬长避短，克服了一切困难，解决了各种复杂的问题，取得了以劣势装备战胜高度现代化装备敌人的极为宝贵的经验。这些经验丰富了毛泽东军事思想，对加速人民解放军的现代化建设，进一步加强中国国防现代化建设和研究未来反侵略战争，都具有极为重要的意义。

第六章

朝鲜战争爆发的历史真相

对朝鲜战争的研究，美国、中国、朝鲜和韩国都花了很大的人力、物力和财力。从目前的研究情况看，对朝鲜战争的起因，各有各的说法，归纳起来合以下几点：

美国挑动说。持这种观点的主要是中国和朝鲜。其依据是，二战以后，美国的势力日渐壮大，其侵略野心也日益膨胀，它不但屯兵欧洲，也想插手亚洲事物，而控制亚洲的最好切入点就是朝鲜半岛。因为朝鲜半岛北面与中国大陆接壤，东北面与苏联相连，是进入亚洲最好的跳板。同时，在朝鲜半岛上有一个由美国人扶持的南朝鲜政权，它受美国的指使为完成朝鲜半岛的统一而发动了这场战争。这也是美国进入亚洲最好最便捷的途径。

苏联支持说。以美国为首的西方国家大多持这种观点。他们认为仅仅是朝鲜本身是无力发动这场战争的。苏联为了防止美国对其势力范围的入侵，巩固东方阵营，同时避免与美国发生直接冲突，在幕后支持朝鲜以武力统一全朝鲜，朝鲜才敢贸然发动这场战争。

对于朝鲜战争的起因，由于意识形态的原因，东西方对此有截然不同的看法。直到20世纪90年代，各国的档案逐渐开放，各国的交流逐渐增多，才对此有一个比较趋同的看法。

1950 年 6 月 25 日凌晨 4 点，战争打响了。上午 9 点，平壤向全世界播发了一条电讯，称韩国国防军于 6 月 25 日拂晓向三八线以北发起了出其不意的进攻，北方共和国警备队正开展着激烈的防御战争，击退进攻的敌人，抵抗敌人。

朝鲜战争爆发后，以美国为首的十几个国家同时卷入了这场的战争，这场战争是美国远东战略的必然反映，也是其战后对华政策的继续。美国在这场战争中，打着联合国的旗号，派遣 55 万军队入朝，把战线一直推到中朝边境的鸭绿江畔。美国向中国进行战争讹诈和军事挑衅，派遣美国海军第七舰队封锁中国台湾海峡。美国的入朝目的是侵占朝鲜，扼杀新中国，以实现其称霸亚洲、征服世界的野心。美国的战争政策迫使中国不得不起兵应战。1950 年 10 月，中国政府派出中国人民志愿军赴朝参战。这是一场震撼全球的大较量。

中国在百年屈辱的历史长河畔，第一次成为那场战争的真正主角，她的上百万儿女与世界上最强大的对手生死搏杀，历时三年，终于以勇气和智慧战胜了对手。正是由于这场战争，使中国开始从屈辱走向尊严。

朝鲜战争是中国近代史上比较重要的一次战争。一方面，是自己的邻国遭到外来的侵略和屈辱，另一方面，新中国刚刚建国一年，国内的生产和建设要发展，在这种情况下，如何作出抉择，以及后果如何，都是我们今天要研究的课题。我觉得对朝鲜战争的研究，目前要解决的首要问题是：（1）战争爆发的真相，表层原因是双方都为了统一自己的国家，但深层次的原因又是什么？（2）中国是否有参战的必要？是非常必要还是可参加可不参加？抑或不参加也未必不可？因为这既关系到国际国内政治形势，又关系到我国经济建设和人民生活，是必须要讨论的一个问题。

在对冷战和对朝鲜战争的研究中，关于朝鲜战争爆发的历史真相，一直是历史学家争论不休、众说纷纭的课题。在20世纪90年代以前，国际学界存在着新旧传统学派和修正学派之分。随着朝鲜战争的苏联解密档案陆续公布以后，这些派别之间的界限模糊了，大多数研究者都认为是金日成发动了这场战争，斯大林则为朝鲜发动战争开放了绿灯，而毛泽东对此则表示同意和支持。总体来说，这种分析是接近于历史真实的，但是如果只是笼统地坚持这种说法，似乎证实了以往“共谋派”的理论。所以，我认为仍然有必要对某些细节进行更为深入的探讨，特别是中国在这场战争中所处的地位及其所持的立场。

在整理和分析苏联、美国解密档案以及中国、朝鲜和韩国有关材料的基础上，来分析苏联、朝鲜和中国在朝鲜战争爆发过程中各自的作用、立场，以及三者之间的微妙关系。

一、金日成积极策划南北统一

资料显示，抗日战争胜利后，金日成结束了在中国的流亡生活，于1945年10月19日率66名在苏联哈巴罗夫断克受训的朝鲜军官乘坐苏联“普加乔夫”号货轮在朝鲜元山港上岸，后受苏联政府的支持，成为北朝鲜领导人。苏联人之所以要用金日成替换此前扶持的民族主义领袖曹晚植，其实与莫斯科对朝鲜半岛政策的变化有关。

战后初期，苏联与美国在远东地区既有矛盾，又需合作，既要划分势力范围，又要避免直接冲突，朝鲜半岛上三八线的确定就反映这一状况。战后苏联在朝鲜的目的最初是试图通过托管或其他方式，与美国合作在朝鲜建立一个与苏联保持友好关系的统一的朝鲜政府。与美国矛盾日渐加剧后，苏联的目标则转为加强朝鲜北方的政治、经济力量，并在此基础上促进朝鲜民族的统一，从而保证通过全朝鲜普选建立的统一政府实行对苏友好的政策。在朝鲜南北双方先后实行选举，并建立各自的政府后，苏联又提出美苏同时从朝鲜半岛撤军，而且首先实行了单方面撤军，其目的无非是为了表示苏联在远东地区的和平愿望，敦促美国撤军。莫斯科一方面满足于通过共产党对北朝鲜的控制，一方面相信金日成有能力对抗南方，因此可以实现其在朝鲜半岛遏止美国而不发生直接冲突的设想。

然而，自从三八线划定以后，韩国和朝鲜就一直处于紧张的对立状态。金日成始终认为只有通过革命手段才能解放全朝鲜并实现统一，而韩国总统李承晚也主张加强军备，积极北进。特别是朝鲜南北双方分别成立了各自的政权机构和苏联占领军撤出朝鲜半岛以后，朝鲜半岛的形势更趋恶化，三八线附近的摩擦和交火事件不断发生。从 1949 年年初，苏联驻朝鲜使馆不断向莫斯科发出有关韩国可能发动进攻的告急电报。金日成完全明白，要实现自己的目标，必须得到莫斯科的首肯和帮助，于是提出了与苏联建立秘密同盟的要求。在遭到莫斯科婉言拒绝之后，金日成便提出直接面见斯大林，以摸清苏联的意图和态度。但此时斯大林的战略重点还在欧洲，他一方面通过组建共产党情报局和整治南斯拉夫共产党，构造了以莫斯科为中心的社会主义阵营，意在稳定与西方抗衡的阵脚。另一方面，面对美国和西方国家的强硬立场，斯大林在解决柏林危机的过程中采取了忍让和退缩的立场，对双方整体实力的认识迫使苏联放弃与美国公开冲突的做法。在这种情况下，斯大林自然不会同意在朝鲜半岛引发一场可能导致美国干预的战争。1949 年 3 月初，金日成访问苏联，在与苏联领导人的会谈中，斯大林只是轻松地询问了朝鲜和韩国双方军事力量的对比情况，以及三八线附近发生小规模军事冲突的结果，并对金日成充满信心的答复表示满意。至于金日成所要求的军事援助，莫斯科只是同意帮助装备在三八线驻防的两个朝鲜警备旅，并决定让苏联海军分队继续留驻清津港协助朝鲜进行防御，到 1949 年夏季，南北双方的紧张局势进一步加剧，特别是在美国撤军前后，韩国李承晚政权不断发出战争叫嚣，并一再对北方进行军事挑衅和边界侵犯。据苏联驻朝鲜大使什特科夫和金日成的通报，“进攻北方的作战计划已经制订”，并将在 7 月发动进攻。但斯大林除了应金日成的不断要求，同意向平壤增加武器装备的援助，以保证朝鲜不受侵犯外，并没有采取进一步的行动。莫斯科甚至批准了什特科夫提出的在美国撤军后，撤除苏联在清津港的海军基地及在平壤等地的军用机场的建议，以免这些设施被朝鲜人民军利用，从而使苏联在国际局势中处于被动地位。苏联此时的主张是在朝鲜建立祖国统一民主阵线，通过在全朝鲜进行普选实现和平统一。

金日成在莫斯科没有实现自己的宏伟计划，于是转过来试探中国领导人毛泽东的态度。1949 年 5 月，金日成派人民军政治部主任金一秘密访问北京，与中国领导人商谈将中国人民解放军编成中朝师转属朝鲜人民军的问题，并表露了准备采取军事行动的意向。我们知道，毛泽东一向主张“枪杆子里面出政权”，新中国的政权也是用枪杆子打出来的，自然会支持金日成的想法。不过，在中国的革命战争尚未结束，国家尚未统一的情况下，中国很难赞成朝鲜的进攻计划。毛泽东答应在需要的时候，可以把中国军队中的两个朝鲜师转给朝鲜，如果朝鲜半岛发生战争，中国“将提供力所能及的一切援助，特别是上述师的给养和武器”。

尽管如此，金日成还不死心，面对来自南方的威胁，金日成主张变被动为主动，他踌躇满志地认为这是通过军事手段实现朝鲜统一的有利时机。为此，在积极调动军队进行防御部署的同时，金日成于 1949 年 7 月初下令三八线地区的各部队进入战斗准备状态，并“决定将中国人民解放军的朝鲜师调回朝鲜：沈阳师配置在新义州，长春师配置在罗南”。做好准备之后，9 月 3 日金日成的私人秘书文日向苏联使馆通报，韩国最近企图夺取瓮津半岛三八线以北的部分地区，并炮击海州市的水泥厂。因此，金日成请求准许对南方采取军事行动，夺取瓮津半岛及其以东到开城附近的部分韩国地区，以缩短防线。如果国际局势允许，还准备继续向南方挺进。金日成相信，他们能够在两周，至多两个月内，占领韩国。苏联驻朝鲜使馆代办顿金应苏联外交部长维辛斯基的要求对情况进行了核实后，于 9 月 14 日向莫斯科报告了韩国和朝鲜军事力量的详细情况、金日成的考虑以及他本人对这一问题的看法，报告说，“金日成认为韩国军队的战斗力不强”，北方军队“在技术装备（坦克、火炮、飞机）、纪律、官兵训练素质，以及士气等方面，均优越于南方军队”，如果进攻顺利，“可以继续向南方挺进”。金日成和外务相朴宪永还认为，当朝鲜发生内战时，美国不会直接出兵干预。但顿金本人认为，金日成计划的局部性战争必然导致朝鲜爆发内战，而北方军队还未强大到足以在速决战中取胜，同时，“不论在军事上还是在政治上，持久内战对北方都是不利的”。不过，什特科夫大使却赞同金日成的计划。他认为，“韩国政府的政治地位是不牢固的”，朝鲜半岛的形势对北方有利。尽管不排除“美国人将干预这场冲突并给韩国提供积极帮助”的可能性，而朝鲜人民军的数量及其拥有的物质力量现在还不能保证完全粉碎南方军队和占领韩国，但他仍然认为，“发展朝鲜南部的游击运动并给予各种各样的支持和领导是可能的和适宜的”，在有利的形势下，可以借口“韩国人在三八线上的挑衅”，“占领瓮津半岛和开城地区”。经过慎重的研究和讨论，莫斯科还是否决了金日成的计划。9 月 24 日，联共（布）中央政治局做出决议，责成什特科夫严格按照决议的文本向金日成和朴宪永声明：“由于目前朝鲜的武装力量与韩国相比没有占必不可少的优势，因此不能不承认，现在进攻南方是完全没有准备好的，所以从军事角度看是不允许的”。由于南方的游击运动和群众斗争没有积极开展起来，建立解放区和组织人民起义的工作进行得很少，“从政治方面看，你们建议的对南方的进攻也是没有做好准备的”。此外，进攻瓮津半岛和占领开城地区的局部战役就意味着“朝鲜南北战争的开始”，而战争的持久性“可能给美国人对朝鲜事务进行各种干涉提供借口”。所以，“目前争取朝鲜统一的任务要求集中最大力量：第一，开展游击运动，建立解放区，在朝鲜准备全民起义，以便推翻反动政权和成功地解决整个朝鲜统一的任务；第二，进一步全力加强人民军”。显然，斯大林认为在朝鲜发动战争的条件尚未成熟。斯大林的决定令金日成感到沮丧，但他虽然勉强接受了莫斯科的意见，却还是继续积极备战。10 月 14 日，三八线附近又发生了激烈战斗。朝鲜第三警备旅攻击侵入三八线以北 1.5 公里法音山高地的南朝鲜军队，并占领了这两个高地。由于苏联大使和军事顾问事前参与讨论并默许了这一军事行动，而事后又未向斯大林报告，莫斯科对此极为恼怒，葛罗米柯严厉地指责什特科夫没有“严格地、坚定地”执行“禁止未经中央允许而向朝鲜政府建议对韩国采取积极行动”的指示以及“中央关于防止三八线形势复杂化”的指示，并对他提出警告。①

由此可见，金日成想要采取军事行动，必须等待莫斯科开放绿灯。没有莫斯科的批准，朝鲜是不会也不敢贸然采取军事行动的。

二、斯大林参与策划战争

然而，仅仅两个月后即 1950 年初，斯大林便给金日成发放了走向战争的通行证，同意朝鲜进行这次酝酿已久的祖国解放战争。

1950 年 1 月 19 日莫斯科收到莫斯科驻朝鲜大使什特科夫发来的报告，在一次小范围的宴会后，金日成借着酒意激动地对苏联使馆人员说，在中国完成其解放事业后，现在的问题就是如何解放祖国南方的人民。“朝鲜南方的人民信任我，并指望我们的武装力量。游击队不能解决问题。南方人民知道我们有一支优秀的部队。最近我夜不能寐，考虑着如何解决统一全国的问题。如果解放朝鲜南方人民和统一祖国的事情拖延下来，那么我就会失去朝鲜人民的信任。”金日成希望“同斯大林会面，讨论南方的形势和向李承晚军队发动进攻的问题”。如果不能同斯大林会面，那么他想去见毛泽东。金日成还抱怨苏联不赞成他进攻瓮律半岛，否则人民军在三天之内就能成功，“如果发动一场全面进攻，几天之内就可以进入首

① 述内容转引自 2000 年 6 月新浪网沈志华关于朝鲜战争的论述。

尔”。与苏联使馆人员采取的回避态度不同，这一次斯大林却出人意料地改变了主意。经过一番考虑，1 月 30 日斯大林亲自回电说：“我理解金日成同志的不满，但他应当明白，他想对韩国采取即此重大的举措，是需要有充分准备的。这件事必须组织得不冒太大风险。如果他想同我谈此事，那么，我随时准备接见他并问他会谈。请把此事转告金日成并且告诉他，在这件事上我准备帮助他。”①

在迄今看到的档案文献中，这是斯大林第一次同意在战争问题上帮助金日成。对此，金日成十分满意，并立即表示随时准备着斯大林的接见。那么，究竟发生了什么事情，使得斯大林在如此短暂的时间里改变了对朝鲜问题的看法呢?

我们注意到，此间发生了一件苏联外交史上的重大事件，即毛泽东访苏和中苏同盟新条约的签订。此前，中苏两国的友好条约是国民党政府与苏联政府签订的，而这次中苏最高领导人之间谈判的结果是，旧条约到期后斯大林同意重新签订《中苏友好互助同盟条约》，该新的友好条约使苏联被迫放弃其在远东以中国东北为基础的政治和经济权益，即中国立即收回大连港，并在 2 – 3 年内收回中长铁路和旅顺港。把蒙古从中国版图中独立出去，保证苏联拥有通向太平洋的出海口和不冻港，这是斯大林确定的苏联战后在远东的两个战略目标，而控制中国长春铁路和旅顺、大连港，正是苏联实现其远东战略的基本途径。除了既成事实的蒙古问题，莫斯科最担心的事情终于发生了；1945 年中苏条约所保证的苏联在满洲的权益眼看就要被毛泽东提出的新条约断送掉，斯大林必须采取补救措施。而处于朝鲜半岛中部和南部的元山、仁川、釜山和济州岛的几

① 转引自 2000 年 6 月新浪网沈志华关于朝鲜战争的论述。

个港口，早在 1945 年就是苏联注意的目标了，于是，为了保证苏联在远东地区的战略利益，把整个朝鲜半岛纳入莫斯科的势力范围就势在必然了。恰在此时，美国总统杜鲁门和国务卿艾奇逊发表的关于南朝鲜不在美国防御范围的演说，又为斯大林实现对朝鲜政策的改变创造了条件。

毛泽东还没有离开莫斯科，斯大林便集中精力去解决朝鲜问题了。为了加强北朝鲜的军事力量以及人民军的组织和指挥能力，莫斯科同意金日成再组建三个步兵师，并把苏联政府将于 1951 年提供的贷款用于 1950 年，以便为新组建的部队购买苏联装备。斯大林还任命瓦西里耶大中将为朝鲜人民军军事总顾问，替代自苏联从朝鲜撤军后兼任这一职务的苏联驻朝大使什特科夫。此后，苏联便大规模向朝鲜提供武器装备。3 月 9 日，朝鲜照会苏联，“为了给人民军补充装备、弹药和技术器材并加强人民军，请苏联政府于 1950 年按照以前提交苏联政府的申请单向朝鲜提供 1.2－1.3 亿卢布的军事技术装备”，朝鲜则相应地保证向苏联提供价值 1.32 亿卢布的黄金、白银和钼精矿。随后，金日成提供了所需武器装备的详细清单。莫斯科立即答复，同意朝鲜提前使用 1951 年的贷款购置武器装备。斯大林还亲自致电告诉金日成，对于“朝鲜人民军所需装备、弹药和技术器材”，苏联政府决定“完全满足您的这一要求”，在进行物质准备的同时，3 月 20 日，金日成要求于 4 月初秘密访问莫斯科，并将与斯大林讨论“国家南北统一的途径和方法”及“经济发展远景”等问题。在一份“金日成提请斯大林同志帮助解决的问题”的清单中，明确写道：“关于统一国家（南方和北方）的途径和方法，拟采用武装方式统一”。此外，还提到与毛泽东会晤和同中国签订条约的问题。得到同意后，金日成与朴永宪于 3 月

30 日起程前往莫斯科。①

关于斯大林与金日成秘密会谈的具体内容，目前在俄国档案中尚未发现任何文字记录，据一些双方参与会谈的当事人回忆，金日成在会谈中报告，朝鲜北方和南方都正在为统一做准备，但形势对北方更有利。朴宪永则以热烈的言语描述了反李承晚政权的抵抗运动形势，他说“人数达 20 万”的韩国共产党支部已经准备好在北方发出第一个信号时起义，南方人民一直在等待着土地改革和其他在北方已经实行的民主改革，朝鲜领导人所不放心的只是不知道在统一问题上采取战争形式，朝鲜人民会怎样反应，对此，斯大林讲了法国作家拉伯雷《巨人传》中羊群的故事。他说，人民和羊群一样，他们跟着头羊，而不论头羊走到哪里，莫斯科担心的问题是一旦爆发战争，美国会否出兵干涉。据金日成的译员文日回忆，金日成立即向斯大林保证，美国不会参与这场战争，理由是，这是一次果断的突袭，因为将会有 20 万韩国共产党员进行起义，加上南方游击队对朝鲜人民军的支持，进攻将在三天之内取得胜利。这样，即使美国有心干预，也没有时间进行军事准备和部署。②

此外，有资料显示，1966 年苏联外交部曾向勃列日涅夫等领导人提交了一份《关于朝鲜战争的背景报告》，其中提到金日成在这次会谈时向斯大林提出了发动战争的战略部署，即朝鲜政府准备分三步实现他们的目标：（1）在三八线附近集结部队；（2）向韩国发出和平统一的呼吁；（3）在韩国拒绝和平统一的建议后开始军事行动。该报告确认，斯大林“对朝鲜人所拟方案的最终认可，是在

---

① 转引自 2000 年 6 月新浪网沈志华关于朝鲜战争的论述。

② 转引自 2000 年 6 月新浪网沈志华关于朝鲜战争的论述。

1950年3月至4月金日成访问莫斯科期间”。①

因此，从上述材料和分析中我们可以断定，斯大林是在1950年1月至4月间决定支持并帮助金日成发动统一朝鲜半岛的战争的。显然，当美国在朝鲜半岛采取防御和退守政策的时候，苏联直接参与了战争的策划和准备。

三、苏联默认，朝鲜开始实施统一祖国行动

至此，通向朝鲜战争的道路对于金日成来说已经畅通无阻，需要的只是确认和实施具体的作战计划了。

根据朝鲜人民军总参谋长俞成哲的回忆，1950年5月上旬，苏联大量调换了在朝鲜人民军中的苏联军事顾问，用作战参谋替换了那些以个人名义在朝鲜负责军事训练的军人，并为朝鲜军队制订了“先发制人的进攻作战计划”。到5月底，朝鲜人民军总参谋部和苏联军事顾问团联合向莫斯科报告，朝鲜人民军向三八线集结的行动已经准备就绪。在金日成的坚持下，军事行动开始的时间确定在1950年6月25日。接着莫斯科又接到报告说，按照进攻计划，朝鲜人民军每天可推进15－20公里。预计主要的军事行动在22－27天之内完成。

6月25日，朝鲜军队依照计划大举越过三八线，向韩国发动了进攻，现在披露的6月26日苏联驻朝大使什特科夫给斯大林私人代表扎哈罗夫大将的报告，详细说明了战争开始前后的真实

① 《关于朝鲜战争的背景报告》，苏联国防部编，1966年。

情况。①

朝鲜人民军在三八线地区的集中开始于6月12日，结束于6月23日，完全按照总参谋部的计划进行。各部队的调动组织严密，未发生意外。敌军的侦察大约已发现各部队的调动，但各部队的计划及行动开始时间均得到严格保密。

各师作战计划制订及地形侦察过程均有苏联顾问参加。

战役全部准备措施已于6月24日完成。6月24日已向各师师长发出"战争开始日代号"和"发起进攻日代号"的命令。各部队均宣读了民族保卫省（相当于国防部）的政治命令，其中指出韩国军队侵犯三八线，挑起军事进攻；朝鲜民主主义人民共和国政府发布了关于朝鲜人民军队转入反攻的命令。

朝鲜人民军官兵以高涨的热情听取了关于反攻的命令、各部队于6月24日24时进入出发位置。军事行动于当地时间（25日）4时40分开始。进攻前的炮火准备进行了20－40分钟，其中包括定位瞄准和10分钟炮轰。随后，步兵开始行动，迅速展开进攻。在开始的3小时后，个别部队与军团已向前推进了3－5公里。人民军部队的攻击完全出乎敌军的意料，敌军仅在瓮津、开城与汉城诸方向进行了顽强抵抗。而较有组织的抵抗则在第一天12个小时以后才开始。战斗第一天朝鲜人民军在陆上推进12公里，在东部海岸推进了8公里，还有两支登陆部队在日本海沿岸登陆。整个过程进展顺利。6月26日，人民军部队继续进攻，在战斗中不断向韩国领土纵深推进。

以上情况充分表明，苏联参与了进攻韩国军事行动的所有策

① 上述内容转引自2000年6月新浪网沈志华关于朝鲜战争的论述。

划、准备和实施过程，只是为了避免引起美国门干预和遭到世界舆论的指责，斯大林采取了较为隐蔽的措施。战争爆发前五天，什特科夫报告说，金日成要求苏联提供进攻和登陆需用舰只以及作为驾驶舰只的十名苏联顾问。斯大林立即答复，拒绝这些要求，以免为美国进行干涉提供借口。在进攻开始时，斯大林还下令召回在朝鲜人民军前线部队中的所有苏联顾问。当时赫鲁晓夫询问其中的原委，斯大林回答说："我们不想留下证据被人家指控我们参与了这件事。"

然而，毛泽东对战争的准备过程和具体计划却毫不知情，或许考虑到中国正在加紧准备进攻台湾，或许是估计到美国不会干涉从而不需要也不希望中国介入。① 总之，斯大林和金日成对中国封锁了消息和情报。据一位前朝鲜高级军需官回忆，在战争爆发前，所有苏联援助的武器都是从海路，而不是通过中国铁路运抵朝鲜的，这样做的目的是不让中国获知朝鲜的准备工作。以至朝鲜战争爆发的最初消息，毛泽东竟是从国外报纸上得知的。战争爆发后第三天，金日成才派一名校官到北京通报情况。毛泽东对此十分不满，事后对师哲②说："他们是我们的近邻，战争爆发也不和我们商量，现在才来打招呼。"

金日成在信心十足、踌躇满志的时候，显然不希望中国插手朝鲜事务，而斯大林在考虑改变对朝鲜半岛的政策时，对于这位新的盟友有两点顾忌：既担心毛泽东在事前反对莫斯科的决定，又担心局势发生困难时毛泽东会置身事外，不听从莫斯科的指挥。所以，斯大林一方面要中国同意发动战争，一方面又对中国封锁消息。经

---

① 转引自2000年6月新浪网沈志华关于朝鲜战争的论述。

② 中共中央书记处政治秘书室第一任主任，毛泽东的政治秘书。

过这样周密的安排，不但可以保证苏联的战略决策被顺利接受，又可以保证苏联的战略目标得以实现，苏联人的既定目标是，朝鲜战争进展顺利，即便与中国交恶，失去了中国东北的军事利益，其结果还是可以保证苏联在远东的战略利益；如果朝鲜战争出现危机和困难，不能取胜，则由中国这个盟友来承担责任，其结果同样可以实现苏联的既定目标。

四、毛泽东接受既成事实

不过，在斯大林和金日成发动战争的日程表上还有一个问题需要处理，即在朝鲜半岛采取军事行动必须征得毛泽东的同意，因为就在几个月前刘少奇秘密访苏期间，斯大林建议，在国际革命运动中，中苏两家都应多承担些义务，而且应该有某种分工，希望中国今后多担负些对殖民地、半殖民地附属国家的民族民主革命运动方面的帮助。斯大林还说，马克思和恩格斯逝世以后，革命中心由西方转移到了东方，而现在又转移到了中国和东亚。因此中共“应当履行对东亚各国革命所承担的责任”。显然，斯大林是希望中国在亚洲事务中多发挥一些作用。①

然而，在新中国建立之初，全国工作重心已经转向经济建设，部队正准备大规模复员，至于军事战略目标，只剩下发动收复台湾的战役了。当时，中国在东南沿海集中了16个军的兵力，而在比邻朝鲜的整个东北地区，只有几个担任地方警备任务的公安师和一个集体

① 转引自2000年6月新浪网沈志华关于朝鲜战争的论述。

转业、开荒种地的第42军，因此，毛泽东此时无论如何不愿意看到在中国北方邻国发生一场可能导致美国干涉亚洲事务的战争。

对此，斯大林心里是十分清楚的。早在1949年6－8月中共中央代表团访苏期间，毛泽东就特意让刘少奇将中共解放台湾的计划转告斯大林，并要求苏联提供援助。在得知斯大林拒绝了中共的请求后，1949年12月16日，毛泽东在莫斯科第一次与斯大林会谈时，再次婉转地提出了同样问题。而且就在毛泽东访苏前夕，斯大林还与毛泽东交换了对朝鲜政策的意见，他们从不同的角度出发，都认为朝鲜此时不宜采取进攻性的军事行动。毛泽东在去电中说，朝鲜同志想通过武力解决南朝鲜问题，中国领导人曾劝阻他们不要这样做。斯大林回电说，完全同意中国同志的意见，不应在朝鲜开始一场战争，不能用军事手段统一朝鲜。[①] 正因为如此，尽管斯大林已经考虑了要在朝鲜半岛发动战争的问题，但他对正在莫斯科作客的毛泽东却只字未提，出于同样的理由，斯大林在与金日成讨论并决定了将采取军事行动以后，明知此事必须征得毛泽东的同意，却不便亲自出面，所以只能劝金日成去见毛泽东。

其实，朝鲜所处的政治地位使金日成比斯大林更懂得在东亚地区采取如此重大的举措，一定要得到毛泽东的支持。于是，在斯大林对自己的意向已经表示赞同的情况下，金日成指示朝鲜驻华大使李周渊拜访毛泽东，提出访华的要求。1950年3月底，毛泽东在会见李周渊时，表示同意金日成访华。估计到金日成可能要谈进攻南朝鲜的问题，毛泽东在谈话时指出，“如果已经有了统一朝鲜的具体计划，那么会晤必须秘密进行”。毛泽东还谈到，“如果爆发第三

① 上述内容转引自2000年6月新浪网沈志华关于朝鲜战争的论述。

次世界大战，朝鲜不可避免也要参战”，因此必须做好军事准备。[1]当李周渊把会谈的情况报告到平壤时，金日成已经起程赴莫斯科了，于是，朝鲜内阁副首相金策委托苏联使馆将这一消息转告金日成。值得注意的是，在李周渊的报告中，并没有提及会谈时毛泽东曾表示同意在朝鲜发动进攻时的计划。但金日成在5月12日会见什特科夫大使时却通知他，毛泽东会见李周渊时说：“用和平方式是不能统一朝鲜的，统一朝鲜必须要用武力才行。”金日成的说法不可信，他这样做显然是为了打消斯大林的顾虑，以取得莫斯科在发动战争问题上的绝对支持。不管金日成有何考虑，毛泽东毕竟到此时还不知道平壤和莫斯科已经就发动战争这样的大事达成了默契。所以，尽管金日成认为他不需要中国的帮助，“因为他的一切要求在莫斯科已经得到满足”，但还是要遵照斯大林的指示去见毛泽东，“通报以武力统一国家的意图和在莫斯科会谈此问题的结果”。[2]

1950年5月13日晚，金日成一行秘密到达北京，并当即与中共领导人进行了会谈。第一次会谈并不顺利，苏联驻华大使罗申在向莫斯科的电报中说：13日晚23时30分，周恩来到苏联大使馆，要求立即向斯大林报告“毛泽东委托转告”的事项。“朝鲜同志通知了菲利波夫同志（斯大林）的如下指示：现在的形势与过去不同了，北朝鲜可以开始行动了：但这个问题必须与中国同志和毛泽东本人讨论。”“毛泽东同志想要得到菲利波夫同志本人对这一问题的说明。”电报最后说：“中国同志请求速速回电。”显然，鉴于金日成所说情况事关重大，且斯大林不久前还明确表示反对在朝鲜采取军事行动，中国领导人心有疑虑，故必须要求莫斯科给以证实。直

① 上述内容转引自2000年6月新浪网沈志华关于朝鲜战争的论述。
② 上述内容转引自2000年6月新浪网沈志华关于朝鲜战争的论述。

到这时，斯大林才第一次向中国领导人表明，苏联在这一问题上的态度已经发生了变化。5 月 14 日苏联外交部转来斯大林给毛泽东的电报："在与朝鲜同志的会谈中，菲利波夫同志和他的朋友们提出，鉴于国际形势已经改变，他们同意朝鲜人关于实现统一的建议。同时补充一点，这个问题最终必须由中国和朝鲜同志共同解决，如果中国同志不同意，则应重新讨论如何解决这个问题。会谈详情可由朝鲜同志向您讲述。"① 电报的语气看似平和，却透着莫斯科的强硬态度。作为东亚地区革命事业的"负责人"，毛泽东自然应支持朝鲜的革命行动。

这里还有一个问题需要说明。毛泽东在访苏期间曾批准中国军队中的两个朝鲜师带装备回国。② 此后不久，朝鲜战争爆发，此事给外界的猜测是中苏领导人共同策划了战争的准备，其实这是一个偶然的巧合，就事件本身来猜测，则为误解。

五、美国迅速应战

目前从各种材料我们可以看出，美国对朝鲜战争的爆发准备是不充分的，是没有戒备的。

颇受中国读者喜爱的美国著名作家约翰·托兰在其历史小说中是这么描述朝鲜战争爆发的："1950 年 6 月 24 日，夜色阴沉，苏式 122 毫米榴弹炮、76 毫米大炮和自行火炮已部署在三八线。150 辆苏

---

① 上述内容转引自 2000 年 6 月新浪网沈志华关于朝鲜战争的论述。

② 关于中国军队中的朝鲜师回国问题，见第 34 页"朝鲜战争爆发前中国军队赴朝问题"一节。

制 T－34 坦克和 9 万人的战斗部队小心翼翼地向前运动，进入最后的进攻阵地。这些部队全都是经苏联军事顾问训练而成。朝鲜人民军已摆好突袭韩国的阵势。”“东京，美国大使馆内麦克阿瑟的卧室中，电话铃声唤醒了他。听到朝鲜人以重兵进攻的消息后，他有‘一种噩梦般的可怕感觉。’”“美联社东京分社，比尔·乔登正在值班。突然，传来电报，纽约方面说合众社已报道消息说朝鲜军队南进了。”①

再来看美国国内。“在华盛顿，时间才是星期六晚上 9 点 4 分，合众社打电话给国务院公共事务官员康纳斯，要求证实电讯（指朝鲜战争爆发）。康纳斯打电话给副国务卿腊斯克。……国防部长约翰逊已从他的参谋那里听到这个消息。”“陆军部长佩斯匆匆赶往国务院，与腊斯克和助理国务卿约翰·希克森简要地讨论了问题。希克森接着又打电话给迪安·艾奇逊（美国国务卿），艾奇逊马里兰州他的农场。”“那天早上，杜鲁门在巴尔的摩的一个机场参加落成仪式，然后登上‘独立号’专机飞往堪萨斯城。他打算与家人共度一个愉快的周末，料理一些家事，如为农舍订购一个新屋顶，9 点 20 分（密苏里时间），电话响起铃声，是艾奇逊，他说：‘总统先生，我有非常严重的消息。朝鲜人已经入侵了韩国。’”② 另外，李东燕所著的《杜鲁门》一书中也是这样描述的，“1960 年 6 月24 日是个星期六，杜鲁门总统参加了一个机场的落成典礼后，便乘上他的‘独立号’专机回家乡堪萨斯度周末。……总之，他想抛开公务，和家人一起过个轻松愉快的周末。”③ 除杜鲁门以外，美国国务院的高

① ［美］约翰·托兰《漫长的战斗——美国人眼中的朝鲜战争》，中国社会科学出版社 1993 年版，第 3，10，11 页。

② 同上，第 12－14 页。

③ 李东燕著《杜鲁门》，学苑出版社 1997 年版，第 279 页。

级官员也对此一无所知，国务卿艾奇逊也离开了华盛顿，到马里兰州哈得伍德农场的家里过周末去了。晚上 10 点，美国驻首尔的大使约翰·莫乔发回一封电报，说南北朝鲜在三八线打了起来。

从上述论述中我们可以看出：

（1）金日成在 1949 年就提出通过军事手段推进革命，完成统一大业。然而，此时期大林在朝鲜半岛的目标是维持三八线现状，避免与美国发生直接的冲突，因此莫斯科严厉禁止金日成发动战争。毛泽东在中国革命尚未取得最后胜利的时候，也表示无法援助朝鲜的军事行动。

（2）1950 年初毛泽东访苏，与斯大林签订了新的中苏友好互助同盟条约，其结果是苏联将要失去通往太平洋的出海口和不冻港。为了保持苏联在远东的战略目标，斯大林必须实现对整个朝鲜半岛的控制，以替代在中国东北将要失去的战略地位。于是，莫斯科决定积极支持朝鲜发动突击战，迅速统一朝鲜半岛。

（3）由于新中国刚刚成立，并且正在准备解放台湾的战役，毛泽东仍然不希望朝鲜半岛在此时发生一场可能给中国安全造成威胁的战争。但是，作为朝鲜的邻国，又是亚洲社会主义阵营的中心的中国，毛泽东无法拒绝金日成的要求，特别是在斯大林已经表态之后，中国只能接受既成事实。

（4）在毛泽东表示原则上同意金日成采取军事手段之后，朝鲜在苏联对战争的秘密准备已经接近尾声，但却没有向北京透露其军事计划和行动的任何细节。1950 年 6 月 25 日凌晨，在苏联大规模的军事援助下，金日成发动了后世所称的“朝鲜战争”。

第七章

朝鲜战争中的中国与美、苏、朝等国的关系

一、中美关系

朝鲜战争期间，中美关系经历了历史性的考验。在二次大战期间，中美苏都是同盟国，共同对付德、意、日法西斯。因此，从同盟到对抗，有几个问题我想特别讨论一下。中美长期对抗仅仅是因为抗美援朝吗？付出如此巨大的代价，力量对比如此悬殊的抗美援朝是不是非打不可？是否因为某些人的野心而驱使几十万中国老百姓当炮灰？中美关系的发展是复杂的。1949 年，那时双方都有接近的动作和意向，当时美国驻华大使司徒雷登留在南京，中国也派黄华到南京和他接触。但这并不是说两国关系有发展的坚实基础，这只是一种试探，据说司徒雷登要求中国遵守“中美通商协定”，并对中国的国际战略提出要求。美国国内也分成两派，比较现实的务实派希望承认中国，发展正常的国家关系；另一激进派“不忘阶级斗争”，要扼杀中国政权，追究是

“谁丢失了中国”。遗憾的是后一种意见占了上风。（据说解放军渡江时美国有一个以美军全面介入中国内战的计划，美国多年来一直试图构筑一道从朝鲜半岛到日本到台湾菲律宾越南的对华包围圈，就在最近还有人做这个梦呢）。中国邀请司徒雷登借燕京大学校庆之际到北京一谈，但是美国政府阻止了司徒雷登，命令其归国。

就是中国“一边倒”倒向苏联后，也并没有排斥与包括美国在内的资本主义国家发展正常的国家关系的可能性，从当时的文件就可以很清楚地看出，中国当时并不想打仗，像毛泽东那样的天才战略家再有野心也不会在那种时候去侵略别国。中国人民解放军制定了大规模裁军的计划。朝鲜战争爆发，中国还没有做出任何动作，美国就下令第七舰队封锁台湾海峡，进驻台湾。这是朝鲜战争中很重要的事件，但很容易被许多人所忽略。这是对中国内政的干涉，对中国主权的严重侵犯。就为这个，就有足够的理由跟美国打一仗。如果中国当时有强大的海空军力量，会立即对美国宣战的，这也是二十多年中美关系的一个死结。美军打到鸭绿江边，构成对中国国防安全的直接威胁，不把美国的气焰打下去，中国将处于极其不利的战略态势下，不可能有一个安心建设经济的环境，东北的这个最大的重工业基地将被迫搬迁。国内反动势力会高涨，国际形势也很不利。

周恩来当时说：看来非跟美国人较量一下不可了。地点可能有三个：台湾，越南，朝鲜。在朝鲜打，最有利。抗美援朝，是毛泽东一生中最困难的决定之一。不是想打，是不得不打，不是为了出风头，管闲事，而驱使士兵手执简陋的武器与敌人拼杀，我们的口号清楚而实际“抗美援朝，保家卫国”。不是为了个人野心驱使老百姓当炮灰，而是敌人的威胁，国家民族的利益要求人民做出牺牲，正如同不是罗斯福驱使美国青年牺牲在瓜岛一样。没有哪个野心家会驱使自己的儿子去当炮灰的。共产党比清政府强，他们敢于斗争，共产党比义和团强，他们善于斗争，能够赢得胜利。美军不一定会侵略中国，但把国家安全建立在那样一种基础上是不可能的。俄国为何坚决反对北约东扩？北约并没有说要侵略俄国，大家还是“和平伙伴关系”。那么当时中国忍下来是否就可以和美国友好，这是一种一厢情愿的想法，美国当时可以和你友好，但要你按它的指挥棒跳舞，越忍，它越嚣张，说不定什么时候就把你给卖了，国民党在雅尔塔协定，金门炮战就被卖过。小国有小国的活法，大国有大国的活法，中国不可能像有些小国家那样借着别人的保护，听别人的摆布，一门心思搞经济。至于中国后来和许多国家关系紧张，是后来的内政外交整个指导思想出了问题，和抗美援朝没直接关系。①

二、中苏关系

1950 年 2 月 14 日毛泽东出访苏联期间与斯大林签署了《中苏友好同盟互助条约》。6 月 25 日朝鲜半岛爆发了战争，10 月 25 日中国政府宣布派出志愿军赴朝作战。中国出兵朝鲜与中苏之间结成同盟关系有什么直接和内在的联系呢？面对美国军队越过三八线、朝鲜政权即将崩溃的危险局面，作为同盟国的中国和苏联所采取的

---

① 转引自 2000 年 6 月新浪网沈志华关于朝鲜战争的论述。

对策有什么不同？他们各自的出发点是什么？中国卷入朝鲜战争以后对中苏之间的同盟关系产生了什么影响？这些问题都是我们历史研究者十分感兴趣的问题。然而，要回答这些问题，首先必须搞清楚中国出兵朝鲜的决策过程以及作为盟国的苏联在中国出兵的问题上究竟起了什么作用。

20 世纪 90 年代以前，由于中苏双方都很少公布有关的档案和原始材料，我们对这些问题的探索大多是从结果推论原因，从中国和苏联当时公开宣布和执行的政策来追寻他们制定这些政策的出发点和目标，或者根据官方的出版物来判断历史发展的进程。进入 20 世纪 90 年代之际，情况发生了根本性的变化。首先是中国在 20 世纪 80 年代末 90 年代初陆续出版了《建国以来毛泽东文稿》、《彭德怀军事文选》、《周恩来外交文选》、《毛泽东军事文集》和其他一些文献，其中公布了大量有关中国卷入朝鲜战争问题的电报、信件、指示、报告等。与此同时，中国还出版了一批回忆录、传记和访谈录。① 随着这些重要文献资料的发表，国内外陆续出现了一批

① 主要有师哲的回忆录《在历史巨人身边》、薄一波的《若干重大决策与事件的回顾》、伍修权的《回忆与怀念》、杜平的《在志愿军总部》、洪学智的《抗美援朝战争回忆》、柴成文和赵勇田的《板门店谈判》、外交部编的《新中国外交风云——中国外交官回忆录》、雷英夫的“抗美援朝战争几个重大决策的回忆”、吴瑞林的《抗美援朝中的第 42 军》，以及王焰等编著的《彭德怀传》等。

利用中国新材料研究中国介入朝鲜战争问题的研究成果。① 90 年代初，俄国也发表了大量的回忆录和采访录，其中包括在苏联政治避难的前北朝鲜高级领导人（如朝鲜人民军作战部长俞成哲、内务省副相姜相浩、驻苏大使李相朝、朝鲜劳动党书记处书记林隐等人），以及当年参与朝鲜战争的前苏联外交人员和军事人员（如驻朝大使什特科夫、外交部副部长贾丕才。第 64 防空集团军司令洛博夫、担任驻朝军事专家领导工作的波尔特尼科夫、朝鲜人民军总参谋长南日的首席顾问索济诺夫等人）。与此同时，俄国档案开始大量解密，特别是在朝鲜战争结束 50 周年前夕，俄国政府解密了一批关于 1949 - 1953 年朝鲜战争问题的档案文件，其中包括斯大林与金日成，斯大林与毛泽东之间，苏联政府各部门之间以及与他们在北京和平壤的代表之间的往来函电，这些总计 1000 多页的新的原始档案材料分别来自俄罗斯联邦总统档案馆、俄罗斯联邦对外政策档案馆及俄罗斯联邦国防部的军事档案馆，1994 年 6 月叶利钦总统把

① 国内的主要论著有军事科学院的《中国人民志愿军抗美援朝战史》、徐焰的《第一次较量——抗美援朝战争的历史回顾与反思》、齐德学的《朝鲜战争决策内幕》、李海文的《中共中央究竟何时决定志愿军出国作战?》、张希的《中国人民志愿军入朝前夕‘突然暂停’的经过》。国外发表的研究成果主要有郝雨凡、翟志海的《中国决定参与朝鲜战争：对历史的再考察》（China's Decision to Enter the Korean War：History Revisited，《中国季刊》1990 年第 121、期）、托马斯·克里斯坦森的《威胁、自信与和平的最后机会：毛泽东关于朝鲜战争电报中的教训》（Threats，Assurances，and the Last Chance for Peace：The Lesson of Mao's Korean War Telegrams，《国际安全》1992 年第 17 卷第 1 期）、迈克尔·亨特的《北京与朝鲜危机》（Beijing and the Korean Crisis，《政治科学季刊》1992 年第 107 卷第 3 期）、陈兼的《中国通向朝鲜战争之路：中美冲突的形成》（China's Road to the Korean War：The Making of the Sino - America Confrontation，纽约 1994 年）、张曙光的《毛泽东的军事浪漫主义：中国与朝鲜战争，1950 - 1953 年》（Mao's Military Romanticism：China and the Korean War，1950 - 1953，劳伦斯 1995 年）等。

215 件有关朝鲜战争的苏联档案交给了来访的韩国总统金泳三，不久韩国外交部东欧局的白宙铉等人就根据这些文件编译出韩文的《韩国战争文件摘要》，随后便出现了这个摘要的中文本。此后不久，俄国有关部门又通过不同渠道分别将这些材料卖给了西方研究机构。俄国发表的当事人回忆录和访谈录，特别是俄国档案文件的解密和传播，引起了俄国、韩国、美国以及中国学者的极大关注，关于中国介入朝鲜问题又出现了一批新的研究成果。在此，我主要想阐述一下朝鲜战争期间中国出兵朝鲜作战的结果是加强了中苏同盟还是削弱了中苏关系？

从 6 月 25 日朝鲜战争爆发到 10 月 25 日中国宣布出兵朝鲜，中国和苏联对朝鲜冲突所采取的方针和策略由于根本的出发点不同而呈现出一个方向相反的过程：随着战争局势从对北朝鲜有利到对朝鲜不利的转化，苏联的方针和政策从开始积极参与军事进攻到后来避免过多地卷入冲突，甚至一度决定放弃朝鲜；而中国的方针和政策则是从开始避免参与朝鲜冲突到后来实行积极防御战略，直到最后在极为不利的条件下被迫出兵援助朝鲜。苏联政策的基点在于实现与美国进行军事对抗的战略，不失时机地扩大苏联在远东的势力范围，但在苏联本身尚未做好充分准备的情况下则力求避免与美国发生直接的军事冲突。中国政策的基点在于保证刚刚成立的新中国的稳定和发展，但在迫不得已的情况下不惜与世界头号强国兵戎相见，"抗美援朝，保家卫国"。

朝鲜战争爆发时，莫斯科的态度非常积极。当时在朝鲜人民军中有 3000 多名苏联军事顾问，即差不多每 45 个朝鲜官兵就有一名苏联顾问。这些军事顾问负责训练军队并协同指挥作战，就连朝鲜人民军的作战计划也是在苏联顾问的参与和决定下制定的。苏联政府还在战争初期为朝鲜人民军提供了大量军事援助。俄国档案透露，7 月 1 日和 6 日斯大林两次要苏联驻朝大使什特科夫转告金日成，苏联将“完全满足朝鲜关于运送弹药利其他军事装备的要求”，并“将全面提供武器、坦克和其他军事装备”。① 斯大林友人对朝鲜战局的进展也十分关心，他希望苏联支持的是一场速战速决的战争，但他决不愿意公开表示苏联对朝鲜的军事支持。当朝鲜军队向三八线以南进军时，斯大林下令召回了在朝鲜人民军前线指挥部中的苏联顾问。但是直到美国仁川登陆以前，苏联对朝鲜战争采取的是非常积极的方针，这一点是十分明确的。同样十分明确的是，斯大林支持朝鲜取得战争胜利的限度是莫斯科不能公开和直接卷入这场冲突。

对中国而言，朝鲜战争的爆发并没有引起中国政府的特别重视，全国范围内的工作重心也没有因此而转移。6 月 30 日，即美国决定全面介入朝鲜战争的当天，中国颁布了土地改革法，同一天，中央复员委员会按照预定计划，下达了由毛泽东和周恩来共同签署的《中共中央军委、中华人民共和国政务院关于 1950 年复员工作的决定》，正式开始了中国规模最大的一次复员工作。② 甚至解放台湾的军事计划也没有因为每个第七舰队进驻台湾海峡而立即放

① 俄罗斯联邦总统档案馆，f45，o1，d346，l104，l40；俄罗斯联邦对外政策档案馆，f059a，o5a，d3，pl1，l107，l16。

② 有人曾建议由于朝鲜战争爆发，是否停止复员，转入备战。但周恩来指示，对“朝鲜战场的情况，总参谋部、外交部要密切加以注视”，而“复员工作仍按原计划进行”，见雷英夫《抗美援朝战争几个重大决策的回忆》，《党的文献》1993 年第 6 期，第 76 页。

弃。[1] 显然，在战争爆发之初，中国领导人的注意力尚未转移到朝鲜问题上来，美国全面卷入朝鲜战争后，中国开始重视朝鲜战局问题，并进行了军事方面的部署。

9 月 15 日美国军队成功地在仁川实行登陆以后，朝鲜的局势急转直下，中国和苏联的对策和态度也都更加明朗化。斯大林对朝鲜局势出现逆转的情况表现出急噪和焦虑。在朝鲜急需莫斯科给予直接军事援助时，斯大林既没有派出地面部队，也没有派空军保护平壤。苏联军事顾问在朝鲜的活动受到严格限制，他们无论如何不得越过三八线。而朝鲜局势的恶化对中国造成的压力丝毫不亚于苏联。出兵朝鲜问题已经作为应急方案摆在中国领导人面前。9 月 17 日，中央军委决定立即派遣一个五人先遣小组赴朝熟悉情况，勘察地形，做战场准备。9 月 22 日，中国政府公开声明支持朝鲜人民与美国进行斗争。9 月 25 日，代总参谋长聂荣臻对印度驻华大使潘尼迦表示中国“必须不惜任何代价制止美国的侵略行经”。9 月 30 日，周恩来发表演说，对美国政府提出了严正警告。

随着局势越来越危急，9 月 28 日，金日成召开朝鲜劳动党中央政治局紧急会议，承认局势是严峻的，一致同意要求苏联和中国毫不迟疑地提供直接的军事援助。斯大林给以朝鲜人许多鼓励，但把提供直接军事援助的责任推给了中国。斯大林非常客气但十分坚决地直接向毛泽东提出了出兵朝鲜的要求。他在信中说：“中国军队可以考虑作为志愿军，当然是由中国人指挥”。一方面为了表示对中国同志的尊重，另一方面也是避免引起毛泽东的怀疑，斯大林隐

① 8 月 11 日中央军委才明确表示同意陈毅的意见，将解放台湾的战役推迟到 1951 年以后。见周军“新中国初期人民解放军未能遂行台湾战役计划原因初探”，《中共党史研究》1991 年第一期，第 72 页。

瞒了最初是由金日成提出这一要求的事实。事实上，金日成在要求斯大林替他向中国寻求援助的同时，已经派外向外相朴宪永到北京求援。

在对朝鲜军事援助的问题上，中国和苏联出现了明显的不同。苏联人既仰仗着空中优势又避免与美国直接对抗，迟迟不愿意出动空军对中国军队进行掩护，而中国人在自己的邻国遭到战争侵略和自己的国家的安全受到威胁的时候，挺身而出，不论是否有空军掩护，都冲到了战场的前沿。

可以认为，在朝鲜战争初期，中国和苏联的同盟关系是复杂而微妙的，中苏联盟的建立是双方国家安全利益和经济发展利益的需要，在战争的条件下，维持这种盟国关系更是中国和苏联实现各自战略目标的必要保证。苏联在进入冷战状态后已经确定了与美国和西方进行全面抗衡的基本战略，非常需要有中国这样一个东方大国作为保证其远东地区安全的屏障，同时也作为对美国政策和实力进行试探的工具。因此，斯大林并不是被迫接受中国出兵朝鲜的要求，相反，当斯大林认为苏联的实力尚不足以与美国发生公开的和直接的军事冲突时，他恰恰需要中国为其对抗美国打前阵，在远东消耗和拖住美国。中国共产党刚刚建立的新中国是个贫穷落后的国家，面对帝国主义的敌视和压迫，中国必须借助社会主义苏联的力量，这是毛泽东决定与苏联结成联盟的基础。特别是在美国军队逼近中国东北边境的紧急情况下，中国要对抗美国的侵犯和保卫国家的安全，也只能依靠苏联的军事和经济援助。因此，毛泽东决心出兵朝鲜与美国对阵的条件是必须得到同盟国苏联提供军事援助的保证，然而，斯大林在战争中的基本目标和政策使他无法完全满足中国提出的军事援助，特别是提供空军协同与美国作战的要求。这样，中苏之间在参与朝鲜战争问题上虽然根本利益上是一致的，但双方在目标和基本要求方面又存在着分歧和矛盾。结果，中国出兵朝鲜一方面加强了中苏之间的联盟关系，另一方面也为中苏关系中本来就存在的不信任因素的发展留下了隐患。

三、中朝关系

1950年10月19日，中国人民志愿军开始由安东、长甸河口和辑安等地跨过鸭绿江，开赴朝鲜战场，与朝鲜人民军并肩作战。志愿军过江对朝鲜民主主义人民共和国来说是个祈盼已久的喜讯。10月19日，金日成在得知中国人民志愿军司令员兼政治委员彭德怀要会见他时说："这是令人高兴的事情，朝鲜人民盼望已久了，中国不愧是我们的可靠后盾。……彭将军的到达，给极端困难的朝鲜人民带来了力量和鼓舞。"[①] 10月20日，彭德怀会见金日成，转达了中共中央关于赴朝参战的军事部署。两人讨论了关于志愿军与朝鲜人民军相互合作等问题。[②] 10月25日，志愿军第四十军在阻击北犯之敌中打响了第一枪，揭开了抗美援朝战争的序幕。[③] 中国人民志愿军经过发动两次战役，遏制住了联合国军的进攻势头，并且于1950年12月把战线推到"三八线"附近。接着，中国人民志愿军又同朝鲜人民军一道进一步扩大战果，一度解放了首尔和把战线推进到三十七度线附近。中国人民志愿军与朝鲜人民军是密切合作

---

① 柴成文，赵勇田：《板门店淡判》，解放军出版社1989年版，第94－95页。

② 同上，第97－98页。

③ 杜平：《在志愿军总部》，解放军出版社1989年版，第41页。

的，1950 年 10 月 24 日，即第一次战役前夕，经彭德怀与金日成商量，确定朴一禹为志愿军副司令员兼副政委，同时他还担任志愿军党委副书记，其目的是为了便于工作，便于和朝鲜人民军协调。[①] 同年 11 月 23 日，毛泽东派高岗从沈阳来到志愿军司令部，与金日成及彭德怀商量中朝联军的统一指挥问题，商量方案是彭德怀为联合司令部司令员，邓华为副司令员，朴一禹为副政委，朝鲜总参谋长金雄为副司令员。[②] 为了使中朝军队有效地配合作战，经中朝两党协商，于该年 12 月 4 日成立了中国人民志愿军和朝鲜人民军联合司令部，决定凡属作战范围及前线一切活动由联司指挥，联司由彭德怀任司令员兼政治委员，邓华为副司令员，另由朝鲜方面推荐金雄为副司令员，朴一禹为副政治委员，联司对外不公开。[③] 1951 年 1 月 25 日，中朝两军高干联席会议在君子里中朝联军司令部举行，参加会议的朝方有金日成和朝鲜劳动党中央政冶局主要负责人，朝鲜人民军总部和各军团的主要负责人，中方有志愿军司令员彭德怀和志愿军的其他领导人，以及东北人民政府主席高岗，志愿军直属各部、各军的主要负责人等共 122 人。[④] 为了加强在国外作战的志愿军的纪律，1951 年 1 月 19 日，毛泽东发出了《中国人民志愿军要爱护朝鲜的一山一水一草一木》的指示，指出："以金日成同志为首的朝鲜劳动党和人民军，在朝鲜五年来的斗争中有了伟大的成绩，他们坚决反对帝国主义和封建主义，建立了为人民服务的人民政权，建立了英勇的人民军，和苏联、中国等其他人民国家

---

① 洪学智：《抗美援朝战争回忆》，解放军文艺出版社 1991 年版，第 48 页。
② 同上，第 76 页。
③ 同上，第 101 页。
④ 姚旭：《从鸭绿江到板门店》，人民出版社 1985 年版，第 57 页。

建立了友好关系，现在又正在和美国侵略军及李承晚匪军进行着英勇的斗争。因此，一切在朝鲜的中国志愿军同志，必须认真地向朝鲜同志学习。全心全意地拥护朝鲜人民，拥护朝鲜民主主义人民共和国政府，拥护朝鲜人民军，拥护朝鲜劳动党，拥护朝鲜人民领袖金日成同志。中朝两国同志要亲如兄弟般地团结在一起，休戚与共，生死相依，为战胜共同敌人而奋斗到底。中国同志必须将朝鲜的事情看作自己的事情一样，教育指挥员战斗员爱护朝鲜的一山一水一草一木，不拿朝鲜人民的一针一线，如同我们在国内的看法和做法一样，这就是胜利的政治基础。只要我们能够这样做，最后的胜利就一定会得到。”① 从 1951 年初到 1953 年 7 月朝鲜半岛实现停战这两年多的时间里，中朝军队在同联合国军的拉锯战中浴血奋战，把战线维持在“三八线”附近，为中朝谈判代表在停战谈判桌上占据主动创造了有利条件。在朝鲜停战谈判中。中朝双方也同样在外交战场上进行密切的配合与相互支持，完全可以说，1953 年 7 月 26 日朝鲜停战协定的签署是中朝两国在战场上浴血奋战、在谈判桌上紧密配合的结果。

朝鲜战争是冷战时期东西方之间第一次在战场上兵戎相见。中国人民志愿军的参战使得朝鲜战争的国际冲突性质更为明显，它成了一场名副其实的东西方之间的热战。在朝鲜战争中，苏联、中国与朝鲜民主主义人民共和国在政治和军事斗争中相互合作与支持，体现了社会主义阵营内部的团结。朝鲜战争是冷战时期东西方对抗的一个典型案例，它对东西方冷战产生了极其重大与深远的影响。同时，朝鲜战争也是中国同朝鲜半岛国家关系发展史上一个重要的

---

① 《毛泽东军事文集》军事科学出版社 1993 年版，第 288 页。

里程碑或分水岭。这场战争的主要后果之一是奠定了数十年中中国同朝鲜民主主义人民共和国以及大韩民国关系的基本格局。

从毛泽东最后下决心出兵朝鲜那一时刻开始，中国的命运就同朝鲜民主主义人民共和国的安危紧密地联系在一起。中国人民志愿军“参战的神圣目的是协助朝鲜人民军粉碎敌人的进攻，将美帝国主义为首的侵略军打回三八线，保卫朝鲜民主主义人民共和国，保卫我们祖国的安全与建设，争取在公平合理的基础上和平解决朝鲜问题”。[①] 这个目的充分体现在当时提出的口号“抗美援朝、保家卫国”之中。[②]“抗美援朝、保家卫国、唇亡齿寒”，这几句话十分生动与完整地表述了朝鲜战争中中华人民共和国同朝鲜民主主义人民共和国之间关系的实质。

中国的抗美援朝战争书写了中朝关系史的重要一页。中国出兵朝鲜的重要结果是使得中朝两国产生了用鲜血疑结的战斗友谊。在抗美援朝战争中，中国援朝各种物资560多万吨，开支战争费用60万亿（人民币旧币）元，死伤志愿军指战员35万余人。[③] 从参战到停战时为止，前后入朝轮换参战的有步兵27个军，有航空兵、炮兵、装甲兵、工程兵、铁道兵、公安部队共40多个师，还有大批铁路员工和民工，共100多万人。在战场献身的志愿军中，包括军级干部3人，师级干部10多人，团级干部近200人。[④] 毛泽东的儿子毛岸英也在1950年11月25日在朝鲜战场遇难，并被安葬在朝鲜的国土上。还有很多志愿军战俘遭受非人待遇或惨遭杀害。朝鲜

---

① 洪学智：《抗美援朝战争回忆》，解放军文艺出版社1991年版，第61页。

② 同上，第63页。

③ 裴坚章主编：《中华人民共和国外交史（1949－1959）》，世界知识出版社1994年版，第9页。

④ 杜平：《在志愿军总部》，解放军出版社1989年版，第659－660页。

民主主义人民共和国遭受的伤亡与损失之大，更是难以估计。正因为中朝友谊是通过巨大代价而得来的，因此两国党、政府和人民始终珍惜来之不易的感情。从 1953 年朝鲜停战到今天，中朝关系的发展基本上是比较平稳与友好的，两国睦邻友好关系长期得到维持。

同中朝关系相反，朝鲜战争和中国出兵朝鲜使得中国与大韩民国成为不共戴天的敌人。在三年的抗美援朝战争中，中国人民志愿军同大韩民国的军队在战场上交战，中韩两国相互为敌。中国人民志愿军入朝后首先与南朝鲜的李承晚军队交火。1950 年 10 月 25 日拂晓，两朝鲜军的第一师先头部队，以坦克 14 辆，自行火炮一部，后随摩托化步兵，沿云山至温井公路北犯，在温井西北部两水洞地区与志愿军第四十军一一八师遭遇，被全部歼灭。① 这是志愿军入朝后的第一次遭遇战。10 月 25 日这一天也就因此被中共中央定为中国人民志愿军抗美援朝战争纪念日。这一天实际上也是中华人民共和国与大韩民国在战场上相互为敌的开始。从此一直到 1953 年 7 月 26 日朝鲜停战协定的签署，这两个国家关系的性质表现为在战场上相互厮杀、在谈判桌上相互指责。这个时期的中韩关系构成中韩关系史上重要的一页，其影响是极其深远的，一个重要结果是：中国与韩国长期在政治上相互对立，外交上互不承认，人民断绝往来，国家间的关系处于相互隔绝状态。

① 杜平：《在志愿军总部》，解放军出版社 1989 年版，第 57－58 页。

第八章

中苏两国在朝鲜战争中的得失

一、斯大林支持朝鲜战争之原因

在讨论朝鲜战争问题时，我们不得不讨论中、苏两国在朝鲜战争问题上的得失。根据我所研究的情况看，我对苏联和斯大林支持朝鲜战争的原因归纳为以下几点：

（1）为了威慑日本的战略需要

二次大战结束前，苏联出兵中国东北和朝鲜，本来苏联可以顺利地占领整个朝鲜半岛，但是它却在朝鲜北方一侧停了下来，把朝鲜南部留给了姗姗来迟的美军。苏联为何采取这种大方姿态，连美国军方也曾深感困惑。

苏联为何不去占领韩国？目前看来，其根本原因在于斯大林错误地估计了美国人占领日本的决心。基于占领德国的经验，苏联人相信美国将会允许苏联占领日本北部领土，形成对日本的有效威慑，乃至占领日本的领上。这原本就是俄国人的一个夙愿。因为占领日本直接关系到战后苏联在远东的安全需要。放弃对韩国的占领，很大程度上不过是苏联换取美国在占领日本问题上让步的一种利益交换。但美国人毫不犹豫地拒绝了苏联要求联合占领日本的提议。随着美苏冷战很快开始，美国逐渐转取扶植日本的态度，韩国在地理上与日本隔海相望的条件自然得到苏联的高度重视，因为如果能够将韩国置于自己的势力范围之下，就可以在相当程度上达到直接监督和威慑日本的目的。

（2）为了在远东取得不冻港的战略需要

长期以来，从沙皇俄国到苏联都十分重视在远东取得不冻港，以实现其自由进出太平洋的愿望。当苏联成为世界第二大强国之后，对取得自由出入太平洋的问题自然更加重视。雅尔塔会议期间，斯大林坚持要美国同意以中国东北的权益来交换苏联出兵，正是出于这种考虑。1945 年中苏条约无疑满足了苏联在这方面的愿望。

但是，在中国共产党取得政权之后，斯大林立即面临着一个新的问题，交还包括中东铁路和旅顺港在内的中国东北权益，成为苏联不能不考虑的一个问题。而这时毛泽东和中共中央又非常强烈地希望与苏联签订新的条约，废除原先苏联与国民党签订的旧约。随着 1949 年 10 月中华人民共和国的建立和 1950 年初毛泽东的访苏，与苏联方面谈判了签定新约一事，斯大林被迫决定在对日和约签订后交还中东铁路和旅顺港。苏联因此将很快失去在太平洋上的不冻港，而取得新的不冻港自然会引起斯大林的兴趣和关注。事实上，早在二次大战结束前，苏联就已经注意到位于朝鲜半岛南部的仁川和釜山两个不冻港，只是基于占领日本的希望而放弃了对朝鲜南部的占领机会，与仁川和釜山失之交臂。如果能够取得韩国，在中国东北丢掉的不冻港就可以在朝鲜重新得到。

（3）出于对美国干预朝鲜半岛问题可能性的错误判断

1950 年朝鲜战争爆发，是得到苏联的支持的。但有关具体的战略准备，事实上早在 1949 年就已经开始具备了，为何斯大林直到 1950 年 1 月下旬才赞同战争行动？我们可以从以下四个因素来考虑：一是这时斯大林已经同意与毛泽东签订新约，即旅顺港即将被迫放弃，而上面提到的韩国的仁川和釜山两个不冻港及其更便于威慑日本的地理条件，对斯大林产生了很大的吸引力。二是 1950 年 1 月 5 日和 12 日，美国总统杜鲁门和国务卿艾奇逊分别发表有关谈话，谈到朝鲜不在美国的防御范围，使莫斯科对美国在太平洋地区的防御范围发生了某种误判。三是美军撤出韩国多时，朝鲜早队在苏联提供现代化装备和大批苏联顾问的帮助下，其实力大大超过韩国，斯大林相信从军事角度看，美国即使打算做反应也来不及。四是有中国革命的经验和教训，对朝鲜共产党人亦有所影响。中华人民共和国于 1949 年 10 月 1 日正式宣告成立，中国共产党的斗争哲学对朝鲜共产党还是有很大的借鉴意义的。

二、苏联对朝鲜战争的态度

既然斯大林批准了朝鲜发动战争，那么在这场战争中苏联是什么态度呢？我们可以从以下几个方面来看看苏联对朝鲜战争的态度。

（1）全力支持和帮助

首先苏联对朝鲜战争是全力支持和帮助的。一是提供了大量的武器弹药以及各种比较现代化的军事装备。二是提供了各种军事技术人员的协助，包括高至向金日成身边，低至向营连一级派遣军事顾问，帮助组织和训练部队。三是派出高级军事顾问团协助北朝鲜人民制定作战方案。四是在战争出现危机时即美国军队在仁川登陆后北朝鲜军队全面溃退之时出面劝说中国出兵援助。五是向中国提供了大量比较现代化的军事装备、后勤设备和各种器材。六是出动空军在后勤线上协同中国空防部队对美机作战。

（2）坚持积极干预政策

苏联始终希望夺取整个朝鲜半岛。最初是寄希望于朝鲜军队，朝鲜军队失败后，则寄希望于中国军队。最典型的是志愿军第二次战役结束，重新夺回平壤，把战线从鸭绿江附近推回到三八线附近之后，志愿军的指挥员注意到部队急需补充休整，力主稳定战线，巩固后方，休整部队，而莫斯科方面却坚持必须“趁热打铁”，再打一仗，一举越过三八线。在打过三八线后，斯大林仍然相信停战只是继续作战的一种手段，坚决支持毛泽东边打边谈的方针。在朝鲜战争中，只有苏联能够左右朝鲜的客观现实，也使得毛泽东在几乎所有的问题上都只好去取得斯大林的同意和支持，三方的关系颇为复杂。如此打打谈谈，停战谈判进行了长达两年时间，才最终达成协议。

（3）极力避免对美冲突

刻意掩盖自己卷入战争的真相，做出置身事外的假象，不让美国抓住任何把柄，避免把自己拖入战争，是苏联处理朝鲜战争问题时最重要的一项原则。正是基于这一原则，苏联从战争开始之日起，就下令所有苏军人员不得随朝鲜军队越过三八线。后因前方部队指挥通信等各方面都出现问题，虽同意部分苏方人员可以过线协助，但依旧严令不得超过首尔地区。直至美军仁川登陆成功，朝鲜战败求援，苏联依旧坚持避战。除非中国同意出兵援朝，否则就决心牺牲朝鲜，任由美军占领整个朝鲜半岛。即使在中国同意出兵的情况下，苏方也拒绝为入朝志愿军部队提供直接的空中掩护，只同意在鸭绿江以西中国一侧提供后方掩护。以后，随着中国志愿军把战线推回到三八线附近，才又在中方的强烈要求下，同意把苏联空军的作战范围扩大到志愿军后方百里之外的清川江一线，而仍然坚持不去前线协同步兵作战。苏联军方且对苏联空军的飞行员有诸多限制，如升空后联络不得讲俄语，对敌作战不得飞近海岸线等，这些做法均为担心被美国发现有苏军参战或被美海军擒获苏联飞行员。

三、中国对朝鲜战争的态度

朝鲜是中国的近邻，朝鲜爆发战争对中国来说无论是政治上还是经济上都有很大的影响，因此中国对朝鲜战争取什么态度，事关中朝两国的事。通过对一些资料的分析，在这个问题上，我提出以下两点看法：

（1）支持但有保留

新中国成立之初，中国就已经了解到金日成希望实现国家统一的急切愿望。对此，毛泽东也表示理解和支持，并且答应把解放军中三个朝鲜籍师连同装备一道送给朝鲜。但毛泽东并不认为当时存在着任何发生战争的可能性，一是认为这时朝鲜的国力和军事力量都过弱，主要任务还是要设法保护自己不受韩国方面的进攻。二是强调要得到中国的支持，必须等到中国自己完成统一大业之后，这大概需要一两年时间。

1950 年 5 月 13 日，金日成在莫斯科与斯大林确定了具体步骤之后来到北京，向毛泽东通报情况。毛泽东立即致电斯大林询问情况，在得到斯大林的肯定答复后毛泽东不得不接受这一现实。但从毛泽东与金日成的谈话中可以感觉到，毛泽东并不十分赞成在这个时候发动朝鲜战争，一是因为这时中国正在积极准备夺取台湾，朝鲜战争的爆发，整个战略重心势必北移以防万一，这将会严重影响攻打台湾的计划。二是中国担心朝鲜军队缺少训练和经验，对各种现代化装备不熟悉，尤其担心会遇到来自国际的干预。

（2）积极援助但内部意见并不统一

第一，对要不要出兵有分歧。中国出兵朝鲜，是美军在仁川登陆并迅速推进到鸭绿江边，即将占领整个朝鲜的情况下进行的。但事实上，自朝鲜战争爆发，美军介入，中国就始终在做积极准备。斯大林还主动表示一旦中国需要出兵时，苏联将会提供空中掩护。当最终决定出兵之际，中共中央内部出现了明显的意见分歧。除了毛泽东以外，几乎所有的领导人都担心两个问题：一是解放军装备与美军相差太远，如果打败了，美国将会更加无所顾忌，东北地区乃至整个国家的安全都将无以保证；二是出兵参战会不会引来美国对中国沿海各个重要工业城市的大规模轰炸与封锁，从而导致正在恢复中的经济受到严重破坏，造成人民的不满。毛泽东与多数人的想法不同。他相信，中苏有互助条约，美国未必会不顾一切大举进犯大陆。相反，如朝鲜被占，整个东北将长期不得安宁，迟早仍不免一战，而装备问题可以依靠苏联帮助迅速改善。根据解放战争的经验，对联合国军队作战，亦可分而击之，避强击弱，再加上在朝鲜作战，紧靠东北和苏联，人力物力都有充分保证，作战条件较美国为有利，未必没有打败美国的可能。最终，毛泽东说服了党内众人，做出了出兵的决定。

第二，对出兵时间有分歧。10月5日中共中央决定出兵后，即开始着手做具体准备。中国急需解决的是空中掩护和装备更新问题，但是苏联方面表示空军还没有做好准备，至少还需等两个半月才能出动，即使出动，也只能负责保护鸭绿江及其以西中国东北地区上空的安全。根据这一情况，毛泽东立即召集志愿军司令员彭德怀等人紧急磋商，与会者也多相信应等苏联准备好空中掩护后再出兵，但毛泽东相信不能等朝鲜被美军全部占领后再出兵，必须马上出兵。会议最后仍维持了马上出兵的决定。

第三，对战争目标有分歧。考虑到装备上的巨大差距，中共中央最初的作战目标比较谨慎，只着眼于打退联合国军队，使其远离鸭绿江。但10月19日部队大举过江后，在一个多月的时间里接连发动了两次战役，取得了意想不到的战绩。这时无论毛泽东还是斯大林都有所轻敌，坚持要部队立即发动第三次战役，坚决打过三八线，重新占领首尔。此举清楚地表明中苏两国领导人已把战争目标重新确定为统一整个朝鲜半岛。而基于这样一种信心，联合国两度提出的停战提议和决议均遭拒绝，使志愿军丧失了政治上的主动地位和军事上休整喘息的重要机会。直到第四次战役部队不得不后撤近百里，放弃已经占领的首尔，重新退至三八线附近，彭德怀匆匆赶回北京向毛泽东陈情，毛才放弃了迅速打败美军的想法。

第四，对停战问题有分歧。在第五次战役之后，战线已经稳定在三八线附近。联合国军虽掌握了志愿军的弱点，占尽了海空优势，但志愿军也开始得到了苏联的现代化装备，火力明显增强，已有大量的部队可以分批投入，轮番作战，整个战局事实上已成胶着状态。基于这一现实，美苏两国外交官开始积极接触，考虑体面地结束战争。斯大林却态度含混，似乎并不希望战争马上停下来，他更愿意看到战争打打停停的局面，把美国长期拖在朝鲜半岛。而毛泽东亦因第五次战役部队遭受损失，也有心找机会给美军一次较大的打击，故对马上停战也不十分热心。再加上美方又在划界问题上提出所谓的“海空优势补偿论”，坚持中国和朝鲜方面应当让出部分地区，这就造成了两年之久的打打谈谈的局面。最后双方要求总算开始接近，却又因战俘问题引出新的分歧，导致了进一步的拖延。斯大林去世后，苏联方面力主迅速结束谈判，中国方面虽然接受了这一建议，内心中却并不十分赞成，因为他们相信他们这个时候的装备和实力，完全有可能给美军一次沉重的打击，如能再打一年，整个局面会大大改观，中国在交换战俘问题上也许会达到中国的要求即全部遣返的目的，取得比所谓“自愿遣返”要更理想的结果。

四、苏联、中国对朝鲜战争的得失之检讨

朝鲜战争迄今已有60多年了，在60多年后的今天，我们回顾战争，检讨战争的得失，不但能使我们了解当年战争的情况，更能对现实做出一些比较实际的判断。下面我分别对苏联和中国在朝鲜战争中的得与失做一分析。

（1）对苏联在朝鲜战争中的利弊分析

苏联在朝鲜战争中扮演了一个很重要的角色，我们在讨论朝鲜

战争时，不能不提到苏联。在这场战争中，可以说苏联获利颇丰，主要有以下三个对苏联有利的方面：

第一，通过在远东发生的这场局部战争，确定了战后美苏冷战的战略格局，极大地降低了美苏日后发生直接冲突的潜在危险。朝鲜战争以后，东西方两大阵营基本上处于对峙状态，双方都意识到战争对自己政治、经济的重大影响，都不敢轻易再发动一场战争，世界因此而持续了20多年的冷战。

第二，通过将中国拉入这场战争，从根本上破坏了美国试图与中国政府接近的可能性，使中共在美苏对抗中不能不坚定地站在苏联一边。苏联的朝鲜战争政策其实是一石二鸟，自己不出面，一方面使北朝鲜与美国对抗，消耗美国的经济实力和降低美国在世界上的政治地位，另一方面也使美苏两极的战略格局得以延续，中国完全处于与美国对抗的境地，与苏联是一个阵营的，这样就完全阻止了美国与中国接近的企图。

第三，报了1948年柏林危机的一箭之仇。因为从1946年起，在德国问题上的斗争日趋尖锐。1947年美国推行杜鲁门主义和马歇而计划，加紧对西欧的控制，合并英、美占领区，阻挠就德国统一问题和缔结对德和约问题达成协议。1948年2月美、英、法、荷、比、卢六国外长会议，筹划在西方占领区成立德意志国家，6月21日宣布实行币制改革，加深德国的分裂。苏联对上述活动一再提出抗议和反对，于1948年退出盟国对德管制委员会，在苏占区和整个柏林发行新货币，并拒绝美国提出的西方三国参加管理柏林货币的要求。对此，美国在英、法两国同意下将其货币改革扩大到西柏林。同年6月24日，苏联对西柏林实行封锁，切断西柏林与西方占领区之间的水陆交通。美、英则对苏占区实施交通和贸易限制，向西柏林空运物资。柏林局势一时十分紧张。在西方国家的强大压力下，苏联也没有占到上风，因此在朝鲜战争问题上，苏联总算是还了美国一点颜色，以解当年柏林危机的心头之恨。

当然，朝鲜战争也并非完全对苏联有利，综观战争全局，在某些方面对苏联还是有一定的负面影响的，据我分析主要有以下几个方面：

第一，由于以美国为首的西方资本主义国家普遍认为朝鲜战争是苏联幕后策划挑起的，是东西方冷战中共产主义对资本主义的一种进攻，因此在这些国家尤其是在美国国内爆发了仇共情绪的滋长与膨胀，这对缓和东西方关系，是不利的方面。

第二，朝鲜战争的爆发加剧了战后苏联国内政治和经济的紧张状况，受二战胜利的影响，苏联国内政治稳定，经济建设正在开始，但苏联卷入朝鲜战争，对国内的经济建设带来一定的影响，使斯大林在战争期间树立起来的威信受到一定的损害，导致其死后在政治上遭遇窘境的一个构成因素。

第三，苏联常驻联合国代表马立克在战争爆发时拒绝返回联合国，致使美国得以成功地组织起联合国军队，而苏联使自己在联合国中很长一段时期深陷被动。

（2）对中国在朝鲜战争中的利弊分析

就中国而言，参战利大于弊，这是不言而喻的。对中国人民志愿军是否应该入朝作战，利弊如何，毛泽东在1950年10月13日给当时在苏联的周恩来的电报《我军应当和必须入朝参战》中有精辟的分析："（一）与政治局同志商量结果，一致认为我军还是出动到朝鲜为有利。在第一时期可以专打伪军，我军对付伪军是有把握的，可以在元山、平壤线以北大块山区打开朝鲜的根据地，可以振奋朝鲜人民。在第一时期，只要能歼灭几个伪军的师团，出现局势即可起一个对我们有利的变化。（二）我们采取上述积极政策，对中国，对朝鲜，对东方，对世界都极为有利；而我们不出兵，让敌人压至鸭绿江边，国内国际反动气焰增高，则对各方都不利，首先是对东北更不利，整个东北边防军将被吸住，南满电力将被控制。总之，我们认为应当参战，必须参战，参战利益极大，不参战损害极大。"①

据我分析，中国在朝鲜战争问题上，应该是利大于弊，主要表现在以下几个方面：

第一，"抗美援朝"战争是中国上百年来同外国列强交手中，唯一可以称得上胜利的战争。它所对抗的是以世界最强国美国为首的联合国军队，这样的胜利就更加提高了中国的国际地位，并且极大地激发了国内广大人民群众的民族主义情绪。中国的政治声望因此得到极度升高，国内政局也因此而更加巩固和稳定。

第二，由于战争激发了民众的爱国心和对中国共产党的拥护，因而便利了国内的政治的稳定和对敌对及破坏势力的政治打击。朝鲜战争爆发以后国内所进行的镇反、土改、三反五反以及知识分子思想改造运动，乃至 1953 年全面开展的社会主义改造运动均得以顺利进行。

第三，国内经济由于受到抗日战争、解放战争等长年战争的破坏、金融风潮冲击和国民党撤退时的破坏以及撤退后封锁的种种影响，市场萧条，开工不足，而朝鲜战争的爆发为国内的一些工厂带来了大量的定单，民族主义的激情激发了厂主和工人的生产积极

① 《毛泽东军事文集》第六卷，军事科学出版社 1993 年版，第 117 页。

性，从而明显地刺激了国内经济的全面复苏，使经济恢复和经济生产迅速出现了欣欣向荣的景象。

第四，朝鲜战争使得中国人民解放军第一次有机会经历大规模的现代化战争，同时亦使解放军得以在极短的时间内迅速实现装备的现代化。解放军各个现代化兵种的建设也都是在朝鲜战争中完成的。因此，朝鲜战争对提升解放军的战斗力，使其迅速走向现代化，具有相当重要的意义。

第五，朝鲜战争使中国和美国都认识到两国直接冲突所带来的危险性，从而使两国领导人在以后20多年相互敌视的过程中，仍旧始终保持着审慎的态度，避免直接冲突。1958年中共炮击金门，毛泽东明令不打美军舰只；60年代美国轰炸越南，再三传递信息保证不会轰炸到中国领土，这些都清楚地表明两国领导人从朝鲜战争中吸取了足够的教训。

从不利方面来看，我分析大致上有以下几点：

第一，朝鲜战争的爆发使中国失去了武力夺取台湾，完成统一大业的机会。朝鲜战争爆发前，中国国内只剩下西藏、台湾等地尚未解放。解放西藏，对人民解放军来说，已不是多大的难题。然而，解放台湾就不是轻而易举的事了。台湾有美国的支持，有50多万军队，50多艘各类舰艇和500架飞机，尤其是100多公里宽的台湾海峡，成为一道天然屏障。但是，在大溃败的影响下，蒋介石退台之初，岛上人心惶惶，军心涣散，到处弥漫着失败主义情绪，所剩的残兵败将实际上并没有多强的战斗力，只要人民解放军尽快取得一定的制空权和制海权，趁热打铁，攻克这个堡垒也是势在必得。因此，中共中央、中央军委当时把解放台湾作为解决解放战争遗留问题的战略重点。至1950年5月，中国已向苏方订购飞机600

多架，中国人民解放军集结福建沿海，进行各种渡海演习，可是，正当这些准备工作加紧进行时，朝鲜战争爆发了。我们可以说，假如没有朝鲜战争，台湾问题也许已解决了，中国也就不会有今天的台湾问题了。但是朝鲜战争的爆发，一方面迫使中国大部分的兵力北调，参战朝鲜战争，另一方面美国第七舰队封锁台湾海峡，使中国解放台湾增加了难度。综合来看，使台湾问题搁置了下来。

第二，出兵朝鲜，与美国正面对抗作战，使中国进一步恶化了同美国的关系，政治上不得不全面倒向苏联，使本来可能更早解决的对美、对联合国的外交问题，被迫延迟了20年左右的时间。包括对英、法、澳等国的外交关系，也因此受到极大影响。中美大使级谈判从1958年开始在日内瓦，后改到华沙断断续续进行了近20年，直到1971年乒乓外交，1974年加入联合国，到1979年中美建交，才算是确立了两国正常的国家关系。

第三，“抗美援朝”战争的成功，从一个很重要的方面，使毛泽东的骄傲情绪渐趋高涨，觉得美国没有什么了不起，是“纸老虎”，还强化了帝国主义的“垂死”论，而对自身能力和实际力量的估计日渐脱离实际，进而导致了其政策的迅速激进化。朝鲜战争结束后中国迅速迈向社会主义，从五大运动到三大改造，再到大跃进、人民公社，从几次“反右”到社会主义路线教育，甚至与苏联公开论战，多少都是受到了这种情绪影响的。

五、谁是“朝鲜战争”最大赢家的争论

我读了许多有关抗美援朝战争的资料，有彭德怀、洪学智、麦

克阿瑟、李奇微等人的回忆录，有后人写的有关抗美援朝战争的书（包括中、美、朝、韩等国的作品），有许多人亲身经历战争或参与有关的事件的回忆，以及有关的文学作品。其中不少文章写得很好，态度冷静客观，从军事，国际政治等多方面对抗美援朝战争进行了论述，资料翔实，见解精到，分析问题深入透彻。

朝鲜战争从三八线爆发，近二十个国家卷入（大部分是象征性的），双方投入军队多时均达百万以上，战争历时三年，死伤过百万人，军费达数百亿美元，最后又在三八线上停下来，从地图上看，似乎这仗算白打了。但这场战争对许多国家，对国际政治格局产生了极其重要的影响。在这场花费巨大，却几乎没有改变地图界线的战争中，谁是赢家，谁是输家，得与失是否“合算”？

先看苏联：

苏联没有直接出手，而它的头号死对头却受到了沉重打击，其东方的战略态势改善，由于美国陷在朝鲜战场，削弱了它在其他战略方向的力量。美国的全球战略和国际声望受到严重打击。以苏联为首的社会主义阵营在长达四十多年的与资本主义阵营的对抗中赢得了一个重要的回合。而苏联是在没有付出重大代价的情况下得到这些好处的。另一方面，朝鲜战争打消了中美在相当时期内接近的可能，使得中国更靠拢苏联。一美国学者称朝鲜战争是斯大林的阴谋：鼓动朝鲜进攻，如果得胜固然很好，如果失败，美国势力直逼鸭绿江，中美对抗，可以消除中国与美国缓和的可能性，让中国更彻底地倒向苏联一边。这个说法不一定可信，但事情的发展倒是基本如此。

再看台湾的蒋介石：

蒋介石捡了个大便宜。当时国民党政权在台湾实在是摇摇欲坠，金门小胜吹得震天响，但无论国内国际，共产党，美国，还是国民党内部许多人，都毫不怀疑解放军在认真准备后可以拿下台湾。美国对蒋介石已经完全失望，官方称其防御圈从日本到菲律宾，却把台湾划在其外。台湾蒋介石极其依赖的美援已停了。当时公认的说法是：美国已经抛弃了蒋介石。岛内人心浮动，秩序混乱，国民党达官要人携金带妻争相跑到美国、香港，“国军”兵团司令跑到菲律宾当中学老师。朝鲜战争爆发第二天，蒋介石在韩国的大使就发电报报告此事并作了有见地的分析，称这对台湾是个好消息。蒋介石也兴奋异常。杜鲁门立刻下令第七舰队封锁台湾海峡，大批美援抵台。国民党政权起死回生。

再看日本：

朝鲜战争中，日本作为美国的军事基地，在经济上获得了很大的好处，对其经济恢复作用极大。据说三菱公司当时即将倒闭，但却接到了一批美军卡车订单，起死回生。而且在政治上，日本也捞到了很多好处，战争转移了世界各国的视线，使其进一步逃脱了惩罚，其军国主义势力得以生存，军事力量得到恢复。朝鲜战争后的东亚局势使得美国不仅没有对日本在二战中的罪行进行惩罚，反而全力在经济政治上扶持日本。

回过头来再看中美两家：

美国是输家。美国挟二战之余威，乘原子弹冲击波，傲视全球，谋霸世界，动用了近一半的陆军，三分之一的空军，一半的海军，几百亿的军费，付出很大的人员伤亡，却在一个刚刚成立一年的国家面前碰了个大钉子，没有实现其战略目标。其全球战略和国际声望受到了严重打击，而他的“敌人”却信心倍增。

总体说来，美国在朝鲜战争中在军事、政治上都是失大于得。

而且这场战争使得美国在亚洲多了一个难以对付的敌手，一个刚站起来的巨人——中国。

那么中国呢？中国在这场战争中是输家还是赢家？我比较同意这种看法（徐焰教授的观点）：中国付出了巨大的代价，赢得了巨大的胜利。

代价是巨大的。中国在朝鲜战争中的人员伤亡很大，有的资料说在百万以上，综合各方面的情况，我认为不可信。在《第一次较量》中，作者对各种说法进行分析后指出了一个比较可信的数字：牺牲近十五万，伤三十余万，被俘一万多人。（淮海战役解放军伤亡五万多）。除了人员伤亡，在经济上也付出很大的代价。而影响深远的是中国同美国的关系，战争使得中国同美国在很长一段时间内不能发展正常的国家关系，反而陷入了尖锐的对抗，由于美国特殊的国际地位，这种对抗给中国的外交和国际环境带来了很多的困难。特别严重的是朝鲜战争爆发后国际形势的变化，美国第七舰队进驻台湾，使得中国解放台湾的计划一再拖延，国家长期处于分裂状态，虽说台湾创造了经济奇迹，但国家长期的分裂，对整个民族是个大悲剧，给外国势力对付中国以极好的空子，这种分裂带来的痛苦和沉痛的代价，是加之于两岸的中国人身上的。此外，朝鲜战争也使中国的经济发展带来了一些不利因素，使中国与世界经济的差距拉大。

我们的胜利也是巨大的。抗美援朝战争的结果避免了美国直逼我国东北边防的势力，消除了美国对我国国防安全，特别是东北的直接威胁，使得东北这个当时全国最大的工业基地得以发挥作用。军事上，看起来双方打了个平手，志愿军无法把美国佬赶下海，美军也无法打到鸭绿江。但全面考虑一下当时的实际情况，就可以得出结论，美军大大的丢脸。美国拥有世界上最强大最先进的工业，装备一流，有最强大的海空军，而新中国刚刚成立一年，工业极其落后，部队装备差，开始时说不上有海空军，陆军装甲力量极弱，一个军的炮兵装备不如美军一个师。通讯后勤医疗等各方面的装备水平和美军相差极远。由于没有制空权，大部队白天无法行动，补给极为困难，美海军在志愿军入朝后虽没有大的行动，但其威胁却使得志愿军不得不将大批力量部署在东西海岸反登陆（志愿军最多时有七十九个师在朝鲜，其中五十二个师部署在东西海岸防美军登陆）。在这么多不利的条件下，志愿军仍然能把美军从鸭绿江赶回三八线，使其蒙受“美国陆军史上最大的败绩”，歼灭几十万“联合国军”，并能牢牢守住一条战线，虽然志愿军遭受过挫折，一些仗打得不好，但无论如何，他们在那样艰难困苦的条件下取得的战果是了不起的，堪称军事史上的奇迹。志愿军指战员是真正的英雄好汉，是民族的骄傲。而且，在停战前，志愿军在军事上是稍占优势的，美军几个月的夏季攻势、秋季攻势，损兵折将，每天前进不到一公里，后来上甘岭一战更是碰得头破血流，大败而归。而志愿军一次攻势就在“联合国军”的战线上打开几十公里宽，深二十多公里的缺口。单纯从军事上说，朝鲜战争就像两个人下象棋，我方比对方少两个“车”，少一门炮，只多了几个兵，而且对方走三步我方只能走两步（大部队白天无法行动给志愿军带来的困难恐怕比这个比喻还要大得多），结果是下成和局，谁敢说我们不是高手。应该说中国是胜利的，得到了一个较好的结果。朝鲜战争对中国人民解放军的建设影响深远，在与世界主要强国军队的较量中，解放军从正反两方面都学到了很多东面，人民空军也在战火中迅速成长起来了。在美国出兵朝鲜的同时，中国国内土匪、国民党残余势力暴动四起，他们认定第三次世界大战就要爆发，解放军肯定不是美军的对手，一时气焰嚣张，高峰时全国土匪以百万计，还有许多反动势力跳出来大肆破坏。但志愿军在朝鲜的辉煌胜利一下子把他们的气焰打了下去，大大加速了匪患的平定和国内的政治、社会秩序的稳定。抗美援朝运动打破了许多中国人心中的崇美恐美情绪，鼓舞了广大群众的民族的自信心和自豪感，激发了全国人民的爱国热情。抗美援朝战争给当时千疮百孔的中国经济带来了沉重的负担，但中国共产党创造了奇迹，经济不仅没有垮，反而抑制了通货膨胀，完成了经济的恢复，抗美援朝战争一结束，中国就开始了第一个五年计划的建设。在朝鲜战场和经济战线的胜利使得无论敌人还是朋友，或是骑墙望风的资本家，都不得不佩服。抗美援朝的胜利，极大地提高了中国的国际声望和地位，赢得了一个比较有利的国际环境。从鸦片战争百多年来，中国屡受列强欺凌，十来艘军舰，几万人就能让当朝的政府屈膝投降，割地赔款，国家内政外交，仰洋人鼻息。西方列强根本不把中国当一回事，国家民族受尽屈辱。到抗日战争，中国人八年浴血，临到头来，雅尔塔协定上，“盟友”却拿中国的权益做交易，是怪苏联人野心太大，还是怪“民主自由，主持国际道义”的美国为了少死几个宝贵的美国人就出卖盟友？都有道理，但说到底怪我们自己没本事，不能靠自己的力量收复东北，在这个世界上，没有实力就得受人欺负。

1949 年毛泽东向全世界宣布：中国人民从此站起来了。但真正让世人震惊的，是抗美援朝的伟大胜利。一个百年积弱的民族，一个刚刚从战争废墟中站起来的国家，在如此困难的条件下，面对气焰嚣张的超级大国，不仅敢于斗争，而且善于斗争，赢得了辉煌的胜利。有人称赞，有人漫骂，但没有人敢瞧不起，世界终于认识到，中国不再是那个任人欺凌的国家，中国已经成为任何人都不能忽视的力量，一个世界强国将崛起在东方。志愿军用他们的鲜血和生命，洗去的是百年来蒙在整个中华民族身上的耻辱，捍卫的是整个民族的尊严，他们是民族的英雄和骄傲，应该得到全民族最崇高的敬意。志愿军在朝鲜战场上无比英勇顽强的斗争精神，高度的组织纪律性，吃苦耐劳的作风和高超的军事素质和指挥艺术，彻底改变了世人眼中中国军队的形象，赢得了敌人和朋友的尊敬。

20 世纪以来美国在亚洲打过三仗：对日战争，朝鲜战争，越南战争。对日战争中美国和中国是盟友，结果美国赢了。朝鲜战争和越南战争中美国和中国是对头，结果美国表面上一平一输，实际是都输了，而且输得一次比一次惨。好莱坞的电影对这三场战争的表现也很有意思：有关对日战争和越南战争的片子连绵不绝，有关朝鲜战争的则几乎空白一片。对日战争的片子调子基本是眉飞色舞，回味无穷；而关于越南战争的片子的调子则基本是满腹牢骚，一腔怨气，说来说去无非是之所以吃了败仗，不是将士无能，只怪内部小人捣乱，敌人太狡猾。这类片子还挺卖座，好几个还得了奥斯卡奖，如《野战排》（Platoon）、《早安越南》（Good Morning, Vietnam）、《猎鹿人》（Deer Hunter），等等。还有个《蓝波》（Ran bo）系列更活灵活现，总之是战场上打输了银幕上打赢了。

为什么美国人要忘掉朝鲜战争？简单地说是太窝心。既没能打赢，又不甘认输，还没法向全世界说明为什么自己占了绝对优势却赢不了一个占绝对劣势的对手，而且双方伤亡总数居然不相上下。既然战争结果是维持住了三八线，表面上算是平了，在这种情况下保住面子最干脆的办法是装聋作哑，等时间一长大家都忘掉，同时设法另找机会再跟中国较量，于是才有了后来的越南战争。

朝鲜爆发战争，中国和美国谁得罪了谁？历史事实是：中国对于朝鲜战争的爆发事先毫不知情。战争于1950年6月25日爆发，美国1950年6月30日宣布参战并派第七舰队“保护”台湾。中国是1950年10月才出兵朝鲜。就是说，中国是在自己领土台湾问题被美国武力强行介入四个月之后才动手的。要说得罪，是美国先得罪了中国，并不是中国“得罪”了美国（这还不算中国内战期间美国支持国民党打共产党那些老账）。在这种情况下，中国虽不欲得罪美国，岂可得乎？退一万步说，即使当年中国不出兵朝鲜，不“得罪”美国，那就能安生了吗？鸦片战争时中国得罪过谁了？人家的兵舰照样打上门来。太平天国信仰上帝基督，意识形态上比排斥西方的满清政府跟西方算是亲近多了，仍遭到西方列强和满清政府的联合围剿。第一次世界大战中国站在胜利的协约国一方，算是盟友，结果却是在“巴黎和会”上被要求把山东交给日本，引发了“五·四”运动。第二次世界大战中中国跟美国是盟国，又不是什么“共产党国家”，结果美国在雅尔塔会议上把中国的权益当筹码送给了苏联，而且跟中国连招呼都不打一个。翻翻中国近代史，中国跟西方套近乎不是一次两次，但不管你如何委曲求全，哪怕跟人家结盟穿一条裤子，人家照样说收拾你就收拾你，老实不客气。这不是因为中国做错了什么，也不能简单说西方列强天生就要跟中国过不去，归根结底是因为你弱，而现实世界的客观规律就是弱肉强食。中国人往往喜欢同情弱者，但东方的这套哲理在西方根本吃不开。人家只尊重强者，只承认胜利者。面对这种强势哲理，如果还坚持东方那套谦虚、谨慎、温良恭俭让之类哲理，那只能是无立锥之地。

鸦片战争结束了中国闭关自守的历史，从此中国想不跟西方国家打交道也不可能了。朝鲜战争一打，全世界对中国从此刮目相看。对西方而言，一个最重要的教训就是：中国是强者，别把中国惹翻了。这就是西方的规则起了作用：只尊重强者。当中国的力量外国人看不到，很多中国人自己也看不到，人人都觉得你软弱可欺，外侮不断时，你怎么可能安心搞建设？要计算中国参战的得与失，这是最大的“得”。

有人说，朝鲜战争引发美国对中国长达数十年的封锁禁运，这不是给中国带来了巨大损失吗？不错，美国的封锁禁运是给中国带来了巨大困难。但对此更后悔不迭的是美国，一再吵吵嚷嚷发誓再不这样干了。理由是：对中国的禁运除了使美国在中国的影响下降为零以外，还刺激了中国在原子弹、导弹、人造卫星等方面走上了彻底自主的道路，这些，对美国造成了不可估量的伤害。

有人说，朝鲜战争都过去几十年了，那时的经验现在都过时了，对今天没有什么指导意义，何必旧事重提呢？其实不然，这其中最根本性的经验仍然不失光彩。比如朝鲜战争前，中国人是有名的“一盘散沙”，对外作战从来就没独立自主打赢过。突然之间，国还是那个国，民还是那个民，周围环境、物质力量原封不动，愣是顶住了世界头号强国的军队。这奇迹从何而来？根本的变化就是：共产党这样一个强大的中央集权。

中国的事要是没有一个强大的中央集权，一定是“军阀混战，天下大乱”。不信？请看看朝鲜战争，再想想苏联。西方只尊重强者的规律，谁忘了谁倒霉。当年的超级大国苏联相信了西方的保证，同意了东西德合并。等苏联解体，国力衰败，北约的信誓旦旦全成了废纸，北约东扩，坦克开到了俄罗斯家门口，炸弹落到俄国的亲戚头上。他们是有苦说不出：谁让你自废武功的？西方所尊重的强者包含三重意思：第一，你必须有实力；第二，你必须证明你有实力；第三，你必须让别人明白，你有勇气和决心在必要时使用你的实力。三者缺一就不够格。

拿破仑说中国是“睡狮”，告诫西方别惊醒中国。可见中国的潜力西方有识之士并不是不知道。但潜力不等于实力，西方社会评价实力只会“要现钱”，而不管其他。只要中国的潜力还没有转化成实力，人家照样侵略中国不误。中国出兵朝鲜苏联空军推三托四不露面，等中国一、二次战役把美军打垮了，证明中国确有实力，苏联空军就来了。同样，卫国战争中等到苏军守住了莫斯科，证明苏联能顶住德国的进攻后，美国的租借法案物资才开始往苏联送。商界中，你越没钱银行越不给你贷款，等你没有银行的钱也能撑得下去，银行就会主动送货上门。总之现实世界是高度看中实力的。光有实力不显示、不敢显示，别人照样不承认，总要变着法子欺负你。只有你真正显示出你有力量，而且你证明有使用你的力量的意志，人家才会买账。

有一位台湾人写的一本研究中国军事的书，其中对中国军队多有指责，一副不服气的样子，但其中有一段说中国政权曾经面临极危险的局面：当时中苏关系紧张，苏联在边界陈兵百万，美第七舰队进入高度戒备状态（美第七舰队几年内举行过七次针对中国的演习，其中五次带核背景），蒋介石积极准备反攻大陆，印度蠢蠢欲动，要报当日一箭之仇，中国内部正陷于“文化大革命”一片内乱中，但是，面对如此“良机”，作者写道：各方慑于朝鲜战争中中国军队之威，竟无人敢先行发难。其遗憾之意，无奈之情，跃然纸上，那种酸溜溜的态度，教人又好气又好笑。抗美援朝对中国外交也带来了很多好处，国际威望提高了，国际上得到了尊重，苏联东欧等国家对中国也好得多了，西方国家虽然和中国关系不好，但中国赢得了尊严，成为以后双方发展真正平等关系的基础。戴高乐对美国总统说：与其等到中国政权强大得你不得不承认他，不如现在就承认他。对于清朝帝国他是绝对不会说这种话的。国与国关系好，一种是朋友对朋友，互相尊重，这种尊重绝非出于道义而来源于实力，新中国追求的是这种友好，还有一种是居高临下，表面上客客气气，其实根本不把你放在眼里，美国和巴拿马就是这样，抗战后国民党政权与美国的关系也差不离。

现在流行一种观点是一切要看实用，讲 GNP，国际声望，军威，能当饭吃吗？这些东西不能当饭吃，却是任何一个有骨气的民族所必需的，是一笔宝贵的无形资产，就像商家的牌子和信誉。国家的独立，民族的尊严，安全的保证，对今天的人们来说，就像空气和水一样普通，让人常常意识不到它们的存在，但千万不要忘了，它们也像水和空气一样重要。诚然，国家的地位是综合国力的体现，一个落后的国家不可能仅经过一场战争就成为世界强国，需要在经济科技军事文化政治多方面的努力，就像一个很饿的人不能只吃一个饼就饱，但是我们也绝不能说那第一个饼是浪费的。我们四十多年做了很多事，有对的，有错的，这些事共同形成了国家今天的国际地位。虽不令人满意，但比 1949 年是强得太多了。不能因为我们经济工作没搞好就连军事上的成就也成了罪恶，强调发展经济也不能忽视军事，看看坐在金马桶上的科威特人就清楚了。如果因为国家今天的国际地位尚不令人满意或共产党做过些错事就认定抗美援朝也是错误的，那显然是讲不通的。

就是中国“一边倒”后，也并没有排斥与包括美国在内的资本主义国家发展正常的国家关系的可能性，看看当时的文件就很清楚了。中国当时并不想打仗，像毛那样的天才战略家再有野心也不会在那种时候去侵略。解放军制定了大规模裁军的计划。朝鲜战争爆发，中国还没有做出任何动作，美国就下令第七舰队封锁台湾海峡，进驻台湾。这是朝鲜战争中很重要的事件，而容易被许多争论的朋友所忽略。这是对中国内政的干涉，对中国主权的严重侵犯。就为这，就有足够的理由跟美国打一仗。如果中国当时有强大的海空军力量，会立即对美宣战的。这也是二十多年中美关系的一个死结。美军打到鸭绿江边，构成对中国国防安全的直接威胁，不把美国的气焰打下去，中国将处于极其不利的战略态势下，不可能有一个安心建设经济的环境，东北的这个最大的重工业基地将被迫搬迁。国内反动势力会高涨，国际形势也很不利。

周恩来当时说：看来非跟美国人较量一下不可了。地点可能有三个：台湾，越南，朝鲜。在朝鲜打，最有利，抗美援朝，是毛泽东一生中最困难的决定之一。不是想打，是不得不打，不是为了出风头，管闲事，而驱使士兵手执简陋的武器与敌人拼杀，毛的口号清楚而老实“抗美援朝，保家卫国”。不是为了个人野心驱使老百姓当炮灰，而是敌人的威胁，国家民族的利益要求人民作出牺牲，正如同不是罗斯福驱使美国青年牺牲在瓜岛一样。没有哪个野心家会驱使自己的儿子去当炮灰的。共产党比清政府强，他们敢于斗争，共产党比义和团强，他们善于斗争，能够赢得胜利。美军不一定会侵略中国，但把国家安全建立在那样一种基础上是不可能的。俄国为何坚决反对北约东扩？北约并没有说要侵略俄国，大家还是“和平伙伴关系”嘛。那么当时中国忍下来是否就可以和美国友好，这是一种一厢情愿的想法，美国当时可以和你友好，但要你按它的指挥棒跳舞，越忍，它越嚣张，说不定什么时候就把你给卖了。小国有小国的活法，大国有大国的活法，中国不可能像有些小国家那样借着别人的保护，听别人的摆布，一门心思搞经济。至于中国后来和许多国家关系紧张，是后来的内政外交整个指导思想出了问题，和抗美援朝没直接关系。

第九章

结　论

综观以上论述，我们可以看出，朝鲜战争是二战以来规模最大、参战国家最多、伤亡人数最多的一场局部战争，战争的结果是维持了东西方战略平衡的格局，最后交战双方以签订停战协定而结束。为什么能签订停战协定呢？正如毛泽东主席所分析的那样，"他们（指美国——作者注）的武器比我们强许多倍，而我们能够打胜，迫使他们不能不和下来，为什么能够和下来呢？第一，军事方面，美国侵略者处于不利状态，挨打状态，如果不和，它的整个战线就要被打破，首尔就可能落入朝鲜人民之手。这种形势，去年夏季就已经看出来了。第二，政治方面，敌人内部有许多不能解决的矛盾，全世界人民要求和下来。第三，经济方面敌人在侵朝战争中用钱很多，它的预算收支不平衡。这几个原因合起来，使敌人不得不和。而第一个原因是主要的原因，没有这一条，同他们讲和是不容易的。"①

关于这场战争，我在上面作了充分而详尽的论述，从中我们可

① 《毛泽东军事文集》第六卷，军事科学出版社 1993 年版，第 353－354 页。

以得出以下结论：

（1）为了完成统一大业、实现民族团结、维护朝鲜半岛和世界和平，朝鲜在苏联的赞同和帮助下，于1950年6月25日凌晨发动了对朝鲜南部的战争行动；

（2）美国为了其自身的利益和称霸世界的野心，迅速出兵朝鲜半岛，从而陷入了这场长达三年之久的朝鲜战争；

（3）中国人民志愿军出兵朝鲜，是在经历了中国高层领导激烈的争论后一致做出的决定，代表了全中国人民的意志和愿望；

（4）毛泽东、周恩来等国家领导人和解放军高级将领对朝鲜战争给予了高度关注和全力支持，并已亲自指挥和部署整个战役，这是朝鲜战争之所以能取得胜利的根本原因之一。

可以这么说，这场战争，是美国强加给中国人民的。中国人民志愿军的参战，是在美军武装侵略朝鲜并霸占中国领土台湾，朝鲜民主主义人民共和国处境危急、中国安全受到严重威胁的情况下被迫进行的。中国人民志愿军在中国共产党和毛泽东领导下，在彭德怀和其他将领的率领下，高举国际主义和爱国主义旗帜，紧紧依靠中朝两国人民，以无比的勇敢精神和智慧，同朝鲜人民军并肩作战，打败以美帝为首的16个国家的侵朝军队和韩国军队，赢得了战争的胜利，为维护世界和平、促进人类进步事业做出重大贡献。

在整个战争进程中，朝鲜人民军和中国人民志愿军取得了辉煌的战果。在1958年10月志愿军凯旋归来时，志愿军司令员杨勇向全国人大常委会和全国政协常委会作《中国人民志愿军八年抗美援朝工作报告》时，总结了志愿军的战果："在八年的斗争中，朝中人民军队共歼灭敌人109万，其中包括美军39万；击落击伤敌机

1.2 万架，击毁和缴获坦克 3000 多辆。”① 据战后美国五角大楼透露，仅美军在战争中即消耗各种作战物资 7300 多万吨，开支战费 830 亿美元，仅次于它在第二次世界大战中的耗费。中国人民志愿军为夺取战争的胜利也付出了相当代价，在战争中共伤亡 36 万余人，消耗名种物资 560 多万吨，开支战费合人民币 62 亿元。

抗美援朝战争的胜利，具有重大的国际意义和深远的历史意义。对此，毛泽东在 1953 年 9 月的中央人民政府委员会第二十四次会议上的讲话《抗美援朝的胜利和意义》中作了精辟的阐述。他说：“抗美援朝的胜利是伟大的，是有很重要意义的。第一，和朝鲜人民一起，打回到三八线，守住了三八线。这是很重要的。如果打不回三八线，前线仍在鸭绿江和图们江，沈阳、鞍山、抚顺这些地方的人民就不能安心生产。第二，取得了军事经验。我们中国人民志愿军的陆军、空军、海军、步兵、炮兵、工兵、坦克兵、铁道兵、防空兵、通信兵，还有卫生部队、后勤部队等等，取得了对美国侵略军队实际作战的经验。我们取得了这一条经验，这是一条了不起的经验。第三，提高了全国人民的政治觉悟。由于以上三条，就产生了第四条：推迟了帝国主义新的侵华战争，推迟了第三次世界大战。”②

朝鲜战争的胜利，粉碎了美国妄图征服全朝鲜、进而扩大侵略的计划，保卫了朝鲜民主主义人民共和国，保卫了中国的安全，而且中国打出了国威、军威，造就了一大批反映现代作战需要的军事指挥人才，促进了中国的国防建设和军队现代化建设。这一胜利也

① 姜锋，马晓春，窦益山等：《杨勇将军传》，解放军出版社 1991 年版，第 365 页。

② 《毛泽东军事文集》第六卷，军事科学出版社 1993 年版，第 355 页。

揭穿了美帝国主义外强中干的本质，打破了它“不可战胜”的神话，极大地鼓舞了世界人民，特别是殖民地半殖民地人民的反帝反殖斗争，使这一斗争更加普遍更加迅猛地发展起来。这一胜利极大地激发了中国人民的爱国主义和国际主义的精神，民族自尊心空前增强。同时，也促进了全国当时正在进行的民主改革和经济恢复工作，加快了社会主义建设。

朝鲜停战至今已 60 年，世界局势发生了巨大变化。然而，抗美援朝战争留给中国人民的精神财富是极其宝贵的。它对于加快中国的国防现代化建设，对于加快中国的改革和经济腾飞，仍有着十分重要的意义。

今天，朝鲜半岛局势已经有所缓和，北南双方开始对话，正在通过和平谈判，以实现民族和睦与国家统一。

我的论文到此结束了，但是我对朝鲜战争的研究还远远没有结束，还有许多问题值得我去探讨，去研究，去开拓。尤其是最近与美国蒙大拿州蒙大拿大学曼斯菲尔德研究中心主任惠斯特教授的交流，从中得到很大的启发。美国的历史学者也在认真研究朝鲜战争，但是他们并不是单纯地研究朝鲜战争，而是把美国在亚洲的三次战争即太平洋战争、朝鲜战争和越南战争作为一个整体，从一个崭新的角度来研究的，惠斯特教授称之为“a cultural approach”，其意思是指从文化切入的角度来研究这三次战争，并认为“文化切入”是研究美国在亚洲的三次战争的一种重要的方法。由此我想到，我们也可以借鉴这种方法，不但深入研究朝鲜战争，而且全面研究美国在亚洲的三次战争对亚洲人民所造成的灾难和伤害。同时，惠斯特教授也已邀请我去美国曼斯菲尔德研究中心做一年的访问学者，主要就是与美国的历史学者一起，从“文化切入”的角度共同研究朝鲜战争以及其他两场战争，目前我正在做前期的准备工作。因此，我可以说，朝鲜战争不但是我目前也是我今后一个时期的主要研究方向，如有可能，我想我会进一步研究美国在亚洲的三次战争，从而更上一个台阶。

附录

众人论述朝鲜战争

对这场举世瞩目的战争，参战将领各有自己的评说。①

志愿军司令员彭德怀说：美国空军用于朝鲜的虽不多，目前仍占优势但空军不能决定战争的胜负，同时，空军也有它的困难。敌人的坦克和炮兵暂时占优势，这是敌人比我们强的地方，在战术方面我们就比敌人强，坚决勇敢，敢于近战，用炸药，拼刺刀，投手榴弹，这些都是敌人害怕的。我军的政治素质比敌人高。伪军战斗力弱，易打难捉，美军较强，死多活少。白天我们一般无自由，易遭敌人联合兵种的袭击，一般在敌正面阵地从战术上分割敌人时，敌人并不害怕，因其白天可恢复原状。敌最害怕的是威胁其战役供应线，渗入（敌）后方，首先打掉其火力阵地和指挥所。我军无空军，必须充分利用夜间进行战斗（手榴弹，白刃哉），必须采用长期手段调动敌人，乘其立足未稳，火力未展开时，予以猛攻。敌人以大量飞机，坦克，火炮进攻，我仅持步枪，机枪，迫击炮和少数小炮，并在弹药不足的情况下坚持抵抗，证明敌人攻击精神不强，

① 有关内容转引自中华网2000年6月15日《参战将领评说朝鲜战争》。

但由于敌火力猛烈，我伤亡相当大。

志愿军代司令员邓华说：朝鲜战争的基本特点也是敌强我弱，美帝国主义是高度现代化的军队，有海陆空三军联合作战，掌握了制空权，制海权，地面部队火力强，运动快。但也有弱点：士气不高怕苦恋家，步兵攻击力不强，怕近夜战，怕切断包围；伪军装备差，经人民军打击后，新兵多，战斗力弱。我军装备虽远不如敌，但与朝鲜人民军一起作战，兵力优势，英勇善战，能吃苦耐劳，有丰富的作战经验，朝鲜虽为狭长半岛，便于敌人海空进攻，但因是山地，树木多，稻田多，矿洞也多，亦难发挥其现代装备的作用。五个战役的经验告诉我们，虽然我们兵力优势，英勇善战，但装备远不如敌，特别是在敌人制空条件下作战，要大量歼灭敌人是困难的。在不少战斗中由于拂晓未解决战斗，夜间被我们包围的敌人白天便在其空炮坦和外援内突的协同下逃跑了。同时，连续的运动作战，部队得不到休整补充，兵力疲劳；另一方面，虽然敌人兵力不足，士气不高，攻击力不强，但因其有优势的装备和强大的火力，防御力还是强的。同时朝鲜为狭长的半岛，限制了我军的广泛机动而敌凭借其海空优势，给我之侧背以很大的威胁，使我处于战略内线，在这种情况下，迅速结束朝鲜战争是不可能的。

聂荣臻元帅指出：美帝是整个帝国主义的支柱，政治军事都有一套，作战上非常客观，不墨守成规，善于变化。五个战役中各有其花样。

志愿军副政委李忘民说：朝鲜是个三面环海的狭长地带；由于这种地形条件的限制，我们不能像中国人民解放军在解放战争时期那样可以广泛机动。出国初期，由于敌人掌握着制空权，志愿军补给受到严重影响。一个战役都难以维持很长时间，我们如果离开这些客观条件，企图把敌人一口气赶下海去，就会变成乱撞乱碰的鲁莽家。例如第三次战役，敌人防线被攻破后，曾经阴谋诱我南下，以便在我侧后登陆，但是我们并没有局限于“敌人退却必需猛追”的现成军事原则，而是在适当时机断然停止追击，避免处于不利地位，保持了主动，很显然，那种“由北向南，一推就完”的轻敌思想是有害的。虽然客观条件给了我们很大限止，但是我们仍然可以在既定的客观物质基础之上，实事求是，从实际出发，采取灵活的战略战术，以我之长，攻敌之短，去打败敌人。敌人的飞机，大炮，坦克很多。出国初期，如果我们采取“正面半推”或“正面顶住”的办法，敌人的飞机，大炮，坦克的威力就可以大大发挥，这对我们是不利的。但是敌人士气不高是它最大的弱点，它怕打运动战，怕夜战，近战，特别是怕我们迂回断其后路。因此我们采取了“以运动战为主，与部分阵地战，敌后游击战相结合”的作战方针，和“在战役，战术上实行近战，友战，速决战，实行大胆迂回包围，力求在运动中歼灭敌人”的原则。这样，就掌握了主动，取得了巨大的胜利。

美国防部长马歇尔称：中国军队是一个幽灵，连个影子也没有。他们的主要秘密——实力，位置和意图——保守得非常完善，所以他们的力量就增加了一倍。中国军队没有机械化部队，只好巧妙地实施徒步渗透，迂回包抄行动。敌人的行动比我们的行动意图更隐蔽。

联合国军总司令麦克阿瑟：中国军队常常避开大路，利用山岭、丘陵作为接近路，他们总是插入我纵深发起攻击。其步兵手中的武器运用得比我们熟练、充分。敌军惯于在夜间运动和作战，敌人供应良好，步兵训练优良；小型武器和轻便装备充分，但几乎没有起支援作用的空军，而且大炮、高射炮、运输和交通设备等方面都特别缺乏。中国的军事力量缺乏工业基地，甚至连建立、维持和运用普通海军所需要的原料也感缺乏，它无法供应顺利进行地面战斗所必需的装备，如坦克，重炮和在战争中已被使用的其他科学发明。韩国部队装备和组织编制仅属一支保安部队，而非战斗部队。他们只有轻武器，没有海军和空军，缺乏坦克、大炮及其他许多军需品。

李奇微在谈到论韩国军队时说：韩国军队缺乏得力的领导。他们在中国军队的打击下损失惨重，往往对中国军队有非常的畏惧心理，几乎把这些人看成了天兵天将。脚踏胶底鞋的中国士兵如果突然出现在韩国军队的阵地上，总是把许多韩国的士兵吓得头也不回地飞快逃命。……他们没有秩序，丢掉武器，没有领导，完全是在全面败退。我们只有一个念头——逃得离中国军队越远越好。关于美军，李奇微说：（美军）缺乏领导的现象严重，部队不愿放弃某些物质享受，害怕离开为数不多的公路，不愿在没有无线电和电话联络的条件下实施运动，此外，在同敌人（我们的部队不久就在火力上压倒了敌人，并在空域和周围海域占了上风，）作战时头脑过于简单。这支部队是这样依赖公路，不重视夺占沿途高地，不熟悉地形和难得利用地形，不愿抛开使部队伤亡惨重的汽车而代之步行，不愿深入山地，丛林到敌人的驻地去作战。

美第八军军长范佛里特认为：以个人而论，中国士兵是一个顽强的敌人。中国军人在驻朝鲜两年半中，他们发动许多次进攻，并作长距离推进。中国军队开始进攻时，士兵只奉命向某一个方向一直向前推进。他们没有防弹背心，没有钢盔。他们只穿上军服，戴上军帽，踏着一双帆布鞋。他们携着步枪，腰上皮带配有二百粒子弹。他们所携带的数枚制造粗劣的手榴弹，爆炸力不如美军的一半。粮食是用米和杂粮磨成粉状而成的，装在一条长管形布袋里，必要时可维持十六天。中国军医疗设备简陋，万不能和我们的医疗队、前线救护站、以及完善的后方医院相比拟。他们在基层三人小组中经常单独作战。但是，他们永远是向前作战的，奋不顾身，有时渗透到我们防线后方，令我们束手无策。

美国空军当局对中国军队的评论是：中国军队主要是亚洲的一支游击军队，它那来自农民的士兵每天只吃很少一点口粮（和西方的标准比）就能作长途行军。受过高度训练的战士在中国的多半内战中已经习惯于夜行军、作战和昼间隐蔽了。中国军队善于偷偷摸摸行动，受过高度训练和生活简朴，因此是联合国军地面和空中部队很难对付的敌手。

美第八军军长泰勒在论中国军队时说：敌人是非常的狡猾，他们很会运用战术，用以减低我们的火力优势，其方法是在黑暗中接近我们的阵地，然后和我们紧缠在一起，使我们无法要求炮兵射击和空中攻击，否则就有同归于尽的危险。当他们与我们紧缠在一起的时候，于是又会像鼬鼠一样到处挖地洞，在许多地方掘开许多泥土，使我们根本不知道去哪里寻找他们。因他们有无限的耐心和勤逸，学会用许多道路，小径和各种不同的运输方法进行运输补给品，所以尽管我们完全拥有空中优势，仍然无法切断他们的补给。山地在战线的许多部分也限制我们的武器使用自由，它把装甲车和运输车辆的运动限制在狭窄的谷地内，（他们）利用地雷，障碍物，或泛滥的稻田来加以阻止。所以我们的战车往往无法前进，只能作固定的碉堡用来辅助其他地面武器的火力。我们大部分运输车都待在后方的集用场上，而且还要有人去维护，敌人长于数量和勇气，在战术方面受过配合地形的良好训练，但其装备却极为原始化，其中大部分都是我们早已送入军事博物馆的古董。

美第十军军长阿尔蒙德对中国军队的看法是：他们越野行军，分成小块，在夜间行动。他们一听见飞机声响，就四处潜伏起来。他们的装备杂乱，有俄式，日式装备，也有美式装备。中国军队的行动，必须有大量的补给。如果要想进一步有所作为的话，就必须作更大的补给。故我们限制他们的补给，是削弱他们最积极的办法。

美国史学家杜普伊：作战中，开始美军离不开道路，而且自身也过于依赖坦克、火炮和飞机的火力支援。而装备轻便的中国军队，却是采用机动作战和奇袭、潜伏等战术，活跃在朝鲜的北部和中部崎岖不平的山区，以弥补其火力不足。

2000 年 10 月 25 日，香港《大公报》发表了王季范的曾孙王宇清的回忆文章，题为《历史回眸：毛泽东与亲友谈抗美援朝战争》。该文颇为生动地描述了毛泽东对朝鲜战争的看法：

五十年前发生的这场战争，曾经令世界为之深深震动，也对当时刚满周岁的新中国发生了极为深远的影响，光阴荏苒，过去的对手不再是敌人，史家也在重新审视这场遥远的战争。作为那场战争中中方的最高统帅，毛泽东曾就此与我的曾相父王季范及早年同窗周世钊多次畅谈。

抗美援朝究竟有无取胜把握，在当时是颇受人们关注的问题，因为解放战争刚刚结束，经济遭受了重创，国家一穷二白，面对美帝的经济和军事优势，不少人对战争的前景心存疑虑，而且认为这会影响国家的和平建设，一时间意见很不统一。王季范和周世钊作为毛泽东的亲友，希望能就此事请教主席。一九五〇年十月二十七日，毛泽东在中南海接见了二老，针对王、周的疑虑作了分析。

毛泽东说道：‘不错，我们急需和平建设，如果要我写出和平建设的理由，可以写出百条千条，但这百条千条的理由不能敌住六个大字，就是‘不能置之不理’。现在美帝的矛头直指我国的东北，假如它真的把朝鲜搞垮了，纵不过鸭绿江，我们的东北也时常在它的威胁中过日子，要进行和平建设也会有困难。所以，我们对朝鲜问题置之不理，美帝必然得寸进尺，走日本侵略中国的老路，甚至比日本搞得还凶，它要把三把尖刀插在中国的身上，从朝鲜一把刀插在我国的头上，从台湾一把刀插在我国的腰上，从越南一把刀插在我们的脚上。天下有变，它就从三个方面向我们进攻，那我们就被动了。我们抗美援朝就是不许它的如意算盘得逞。打得一拳开，免得百拳来。我们抗美援朝，就是保家卫国，可是党内有很多人不同意。’听了毛泽东一席话，周世钊频频点头，但仍是信心不足，重复提出了刚才的疑问：‘是不是有胜利的把握呢?’

周世钊的担心是不无道理的。众所周知，美国是当时世界上最强大的国家，美国除装备了大量的飞机、大炮、坦克、军舰外，它的武库中还有一张令人生畏的王牌——原子弹。面对美国的核讹诈，不少人对战争的前景忧心忡忡。可毛泽东偏偏不信这个邪，他从容地分析道：‘你们都知道，我是不打无把握的仗的。这次派志愿军出国，是有人不同意的，他们认为没有必胜的把握。我和中央一些同志经过周详的考虑研究制定下持久战的战略，胜利是有把握的。我们估计，美帝的军队有一长三短。它的钢铁多、飞机大炮多，是它唯一的优势。但它在世界上的军事基地多，到处树敌，到处设防，兵源不足，是一短；远隔重洋，是它的第二短；为侵略而战，师出无名，士气十分低落是它的致命伤。虽有一长，不能敌这三短。我们要进行持久战，一步一步消灭它的有生力量。使它每天都有伤亡，它一天不撤退，我们就打它一天，一年不撤退，就打它一年，十年不撤退，就打它们十年，这样一来，它们就伤亡多，受不了，到那时，它就只好心甘情愿地进行和平解决。只要它愿意和平解决，我们就可以结束战争，我们原来是要和平的。'

毛泽东：这仗我们有把握打好，不必苏联参加，看家法宝是要留着最后用的。

周世钊又提出一个问题：'假如它不在朝鲜战场上打而是派大军从我国海岸登陆，怎么办?'

毛泽东说：'那它不敢。这样做，我们不怕它。并且我们有《中苏友好同盟互助条约》，它如果向我国进攻，就会引起苏联的参与。苏联参与，不一定派兵来，它可以在几天之间用兵西向，席卷欧洲，欧洲是美国的必争之地，它们要照顾欧洲，自然也就无力入侵我国了。'

美国的空中优势是周世钊担心的另一个问题。朝鲜战争爆发后不久，美军飞机就曾轰炸过我国边境城镇，以新中国的空军实力而言，是难以阻止美军大规模轰炸的，故此，周世钊向毛泽东发问：'假如美军用飞机滥炸我国的重要都市呢?'

毛不加思索地笑答说：'它不敢，因为这同派兵登陆，司是侵略。'

岁月飞逝。随着时空的转换，以前不少似乎是金科玉律的理论和不容置疑的答案，都受到了人们的质疑；也有很多颇为权威的结论，正在社会上和学术引起争鸣。现在有一种观点认为，当年抗美援朝时，我国承担了本应由苏联承担的国际义务，而作为社会主义阵营'老大哥'的苏联却只提供了装备和技术的支持，这对中国是非常不公平的，我们吃了亏。毛泽东当年是怎样看这个问题的呢？他说：‘这个仗，我们有力量、有把握打好，不必要苏联参加。你们晓得玩扑克吗？‘大鬼’、‘小鬼’是留着保底的；你们看过剑侠小说吗？看家的法宝是要留着最后用的。我看美帝侵略，一定会要彻底失败。不管它怎样挣扎，终是黔驴技穷，在中朝人民共同抗击之下，它是一定不能得逞的。’毛泽东的一番话消除了两位老人心中的疑问，他们带着对战争的全新看法离开了中南海。

周世钊是毛泽东在湖南第一师范读书时的同班同桌同学，情同手足。新中国成立后，毛泽东曾多次接见周世钊，在谈话中数次涉及朝鲜战争。一次周去看毛，毛高兴地说：‘我们在朝鲜战场上的形势是越来越好，造成这种好的形势主要依靠我们志愿军的勇敢和机智。他们现在层层挖掘地道，这些坑道都在山底下，纵横沟通，随意出入，飞机炸不垮，大炮轰不坏，敌人不好攻，我们却可以出去，万一失了第一线，还有第二线、第三线。这都是志愿军指战员想出来的好办法。像我们在北京的人就不一定想得出这种好办法。一个美国记者说：‘美国的军队再花十年也打不到鸭绿江。’我看再打二百年，他们也没有希望打到鸭绿江。’毛泽东豪迈的语调，令周世钊倍感振奋。

朝鲜前线的战斗是空前残酷而惨烈的。无数中华民族的优秀儿女，为了保家卫国，血染三千里江山，这其中也包括毛泽东心爱的长子毛岸英。当这个不幸消息传到周世钊的耳朵里时，他感到非常震惊和悲痛。作为和毛泽东相交几十年的老朋友，他知道主席一家先后已为中国人民的解放事业献出了好几位亲人。现在革命刚刚胜利，正需要下一代去建设的时候，岸英却永远留在了朝鲜。白发人送黑发人，和毛泽东情同手足的周世钊，心里深深地体会到老同学那种难以言表的悲凉和伤感，往后来他和毛泽东的一次闲聊中，周向毛表达了这种想法。

那是在60年代，谈话的主题是战争。在不知不觉中，话题转到了朝鲜战争和毛岸英。周世钊不无感慨地说："岸英死得太早了，如果您不派岸英到朝鲜战场上，我看他是不会牺牲的。'对于周世钊的议论，毛泽东表示了不同的看法。他说：'不能这样说。岸英的牺牲，责任完全在美帝国主义身上。岸英是为保卫中国人民和朝鲜人民的利益，为保卫我们祖国的安全而出国作战的，他是为反对美帝国主义的侵略行为，为保卫世界和平事业而牺牲的。当时我得到岸英在朝鲜战场上不幸牺牲的消息后，我的内心是很难过的。因为我很喜欢岸英这个孩子。岸英牺牲以后，当时有人提议要把他的尸体运回国来安葬，我没有同意。我说岸英是响应党中央的号召，为保家卫国而死的，就把他安葬在朝鲜的国土上，让他显示中朝人民的友谊，让中朝人民的友谊万古长青。当然，你说如果我不派他到朝鲜战场上，他就不会牺牲，这是可能的，也是不错的。但是，我是党中央的主席，在那种比较困难的情况下，我是极力主张发动抗美援朝、保家卫国运动的，后来得到党中央的赞成，作了出兵朝鲜的决定，并很快就在全国范围内掀起了一个抗美援朝的伟大运动。我作为党的主席，作为一个领导人，自己的儿子不派他去朝鲜，又派谁的儿子去呢？光派别人的儿子去前线打仗，这还算什么领导人呢？这是上方面；另一方面，岸英是个青年人，他从苏联留学回国后，到农村进行过劳动锻炼，但却没有正式上过战场。青年人就是要到艰苦的环境中去锻炼，要在战斗中成长。基于这些原因，我才派他到朝鲜去的。'"

对于发生在五十年前的那场战争，毛泽东曾有过许多论述，这里仅是他对自己的亲友的一些零散的议论。时光流逝，毛泽东和王季范、周世钊两位老人均已作古。然而，这些片段的，但却弥足珍贵的谈话，对于我们当前正确认识那场遥远的战争，不失为是一份重要的参考资料。

参考文献

1. I. F. STONE *The Hidden History of the Korean War*（New York：Monthly Review Press，1952）［美］斯通著《朝鲜战争内幕》南左民等译，杭州：浙江人民出版社，1989 年 9 月版

2. MATTHEW LEECHWAY *The Korean War published in U. S in* 1967［美］马修·邦克·李奇微著《朝鲜战争》军事科学院外国军事研究部和利辉周伯荣译，北京：军事科学出版社，1983 年 10 月版

3. HARRY TRUEMAN *Truman Reminiscences*［美］哈里·杜鲁门著《杜鲁门回忆录》，北京：生活·读书·新知三联书店，1974 年版

4. HOLMES *American Army in the Korean War Vol* Ⅰ［美］沃尔特·G. 赫姆斯著《朝鲜战争中的美国陆军（第一卷）——停战谈判的帐篷和战斗前线》（197Ↄ 年再版），蔡效英等译，北京：国防大学出版社，1988 年 8 月版

5. JAMES SCHNABEL *American Army in the Korean War Vol* Ⅱ［美］詹姆斯·F. 施纳贝尔著《朝鲜战争中的美国陆军（第二卷）——战争爆发前后》（197Ↄ 年再版）王琪等译，北京：国防大学出版社，1990 年 12 月版

6. DOUGLAS MACARTHUR *Douglas MacArthur Reminiscences*［美］麦克阿瑟著《麦克阿瑟回忆录》上海师范学院历史系译，上海：上海译文出版社，1984 年 3 月版（内部发行）

7. BLAIRE *MacArthur*［美］小克莱·布莱尔著《麦克阿瑟》程志海张明学　滕

学振译，上海：战士出版社，1983 年 10 月版（内部发行）

8. SCHALLER MICHAEL *Douglas MacArthur* Oxford University Press 1989

9. JOHN TOLAND *In Mortal Combat – Korea* 1950 – 1953 QUILL，1991 ［美］约翰·托兰著《漫长的战斗——美国人眼中的朝鲜战争》，孟庆龙等译，北京：中国社会科学出版社，1993 年 8 月版

10. BEVIN ALEXANDER Korea：*The First War We Lost* ［美］贝文·亚历山大著《朝鲜：我们第一决战败——美国人的反思》，郭维敬，刘榜离等译，北京：中国社会科学出版社，2000 年版

11. GOULDEN JOSEPHC. Korean：*The Untold Story of the War* McGrawhill，1983 ［美］约瑟夫·格登著《朝鲜战争——未透露的内情》，于滨，谈锋，蒋伟民译，北京：解放军出版社，1990 年 6 月版

12. ［美］罗素·斯泊尔著《韩战内幕》*The Secret of Korean War*（1987 年），罗圣译，北京：中国广播电视出版社，1990 年 10 月版

13. JAMIES MATTRAY *The Reluctant Crusade*：*American Foreign Policy in Korea*，1941 – 1950 The University of Hawaii Press，1985

14. CUMINGS BRUCE HALL DAY JON *Korea*：*the Unknown War* Pantheon Books，1988

15. COTTON JAMES *The Korean War in History* Manchester University Press，1989

16. GARDNER LLOYD C. *The Korean War* Quadrangle Books，1972

17. STUECK WILLIAM WHITNEY *The Korean War* Princeton University Press，1995

18. JOHN MERRIL *Korea*：*The Peninsular Origins of the War* Newark，Del.：The University of Delaware Press，1989

19. KATHRYN WEATHERSBY *The Soviet Role in the Phase of the Korean War*：*New Documents Evidence* The Journal of America – East Asia Relations 1993

20. YOUNGNOK KOO and DAE – S00K SUH：*Korea and United States*：*A Century of Cooperation* University of Hawaii Press，1984

21. CHEN JIAN *China's Road to the Korean War* Columbia University Press，1994

22. KIM CHULLBAUM *The Truth about the Korean War* Eulyoo Pub. Co.
1991

23. 韩国统一院：《朝鲜概要》，转自香港《亚洲研究》1996 年第 19 期

24. 徐镇英：《韩中关系：过去、现在、未来》，《当代韩国》第 5 期

25. 韩国国防部战史编撰委员会编《朝鲜战争》（1—5 卷）1987 年版，固城，齐丰，龚黎译编，哈尔滨：黑龙江朝鲜民族出版社，1988 年 7 月（内部发行）

26. 朝鲜：《美帝国主义是发动朝鲜战争的罪魁祸首》，平壤：外国文出版社，1977 年（中文版）版

27. 《政治事件》，北京：中国社会科学出版社，1973 年版

28. ［日］陆战史研究普及会编《日本人眼里的朝鲜战争》上下部，北京：国防大学出版社，2000 年版

29. 叶雨蒙著《黑雪——出兵朝鲜纪实》，北京：作家出版社，1989 年 12 月版

30. 中共党史学会：《百年潮》1907 年第二期、第三期

31. 政协北京市文史资料研究委员会编：《文史资料选编》第 27 辑 1986 年 7 月版

32. 解力夫著《战后四大战争——朝鲜战争》北京：世界知识出版社，1995 年版

33. 黎风编著《联合国重大决议内幕揭秘》广州：广州出版社，1998 年 3 月版

34. 《近代中国》（双月刊）137 期，台北：《台湾近代中国》杂志社出版，2000 年 6 月版

35. 刘永智著《中朝关系史研究》郑州：中州古籍出版社，1995 年 7 月版

36. 杨凤安，王天成著《北纬三十八度线——彭德怀与朝鲜战争》，北京：解放军出版社，2000 年 8 月版

37. 洪学智著《抗美援朝战争回忆》北京：解放军文艺出版社，2000 年 7 月版

38. 徐孔著《朝鲜战事》（上下卷）北京：中国青年出版社，2000 年 9 月版

39. 李东燕著《杜鲁门》北京：学苑出版社，1997 年 1 月版

40. 沈志华著《朝鲜战争研究综述：新材料和新看法》，《中共党史研究》第 54 期 1996. 6 P86 – 90；第 55 期 1997. 1 P85 – 89

41. 柴成文，赵勇田著《抗美援朝纪实》北京：中共党史资料出版社，1987 年版

42. 杨昭全著《中朝关系史论文集》北京：世界知识出版社，1987 年版

43. 资中筠主编《战后美国外交史——从杜鲁门到里根》，北京：世界知识出版社，1994 年版

44. 裴坚章主编《中华人民共加国外交史》北京：世界知识出版社，1994 年版

45. 赵南起，温正毅著《朝鲜族人民对中国东北解放战争的贡献》，北京：人民出版社，1992 年版

46. 师哲著《历史巨人身边——师哲回忆录》北京：中央文献出版社，1991 年版

47. 何春超主编《国际关系史》下册武汉：武汉大学出版社，1983 年版

48. 王绳组主编《国际关系史》第 8 卷北京：世界知识出版社，1995 年版

49. 柴成文著《四十年后话“开城”》《外交学院学报》1990 年第 4 期

50. 聂荣臻著《聂荣臻回忆录》北京：解放军出版社，1984 年版

51. 李海文著《中共中央究竟何时决定志愿军出国作战?》《党的文献》1993 年第 5 期

52. 青石著《金日成阻止了毛泽东进攻台湾的计划》，香港《明报月刊》1994 年 7 月号

53. 薄一波著《若干重大决策与事件的回顾》北京：中共中央党校出版社，1991 年版

54. 柴成文，赵勇田著《板门店谈判》北京：解放军出版社，1989 年版

55. 谭旌樵主编《抗美援朝战争》北京：中国社会科学出版社，1990 年版

56. 熊华源著《抗美援朝战争前夕周总理秘密访苏》，《党的文献》1994 年第 3 期

57. 王焰等著《彭德怀传》北京：当代中国出版社，1993 年版

58. 杜平著《在志愿军总部》北京：解放军出版社，1989 年版

59.《中朝关系通史》长春：吉林人民出版社，1996 年版

60. 刘金质，张敏秋，张小明著《当代中韩关系》，北京：中国社会科学出版社，1998 年版

61《战后中苏关系走向（1945 – 1960）》北京：社会科学文献出版社，1997 年版

62. 刘金质，杨淮生主编《中国财朝鲜和韩国政策文件汇编》，北京：中国社

会科学出版社，1994 年版

63. 黎家健著《朝鲜停战前后见闻》上海：华东人民出版社，1954 年版

64. 华山著《朝鲜战场日记》北京：新华出版社，1986 年版

65. 齐德学著《朝鲜战争决策内幕》沈阳：辽宁大学出版社，1991 年版

66. 齐德学著《抗美援朝纪实》北京：华夏出版社，1996 年版

67. 杨凤安著《驾驭朝鲜战争的人》北京：中共中央党校出版社，1993 年版

68. 李英著《揭开战争序幕的先锋：四十军在朝鲜》，沈阳：辽宁人民出版社，1996 年版

69. 曹学捷，陶方桂主编《陆军第二十集团军军史》（秘密），济南：黄河出版社，1996 年版

70. 赵学功著《朝鲜战争中的美国与中国》太原：山西高校联合出版社，1995 年版

71. 朱世良著《彭德怀在朝鲜战争》沈阳：辽宁人民出版社，1996 年版

72. 韩龙文著《中国人民志愿军抗美援朝战史》北京：军事译文出版社，1992 年版

73. 杨成武著《新的使命》北京：卓越出版社，1989 年版

74. 徐向前著《历史的回顾》北京：解放军出版社，1987 年版

75. 伍修权著《在外交部八年的经历》北京：新世界出版社，1986 年版

76. 杨得志著《为了和平》北京：长城出版社，1987 年版

77. 郝雨凡，翟志海著“中国决定参与朝鲜战争：对历史的再考察”（China's Decision to Enter the Korean War：History Revisited），《中国季刊》1990 年第 121 期

78. 托马斯·克里斯坦森著“威胁、自信与和平的最后机会：毛泽东关于朝鲜战争电报中的教训”（Threats，Assurances，and the Last Chance for Peace：The Lesson of Mao's Korean War Telegrams）《国际安全》1992 年第 17 卷第 1 期

79. 迈克尔·亨特著“北京与朝鲜危机”（Beijing and the Korean Crisis）《政治科学季刊》1992 年第 107 卷第 3 期

80. 陈兼著《中国通向朝鲜战争之路：中美冲突的形成》（*China's Road to the Korean War：The Making of the Sino – America Confrontation*）纽约 1994 年版

81. 张曙光著《毛泽东的军事浪漫主义：中国与朝鲜战争，1950 – 1953 年》

(*Mao's Military Romanticism*: *China and the Korean War*, 1950－1953) 劳伦斯1995年版

82.《毛泽东军事文集》第六卷，北京：军事科学出版社，1993年版

83. 张民，张秀娟著《周恩来与抗美援朝战争》上海：上海人民出版社，2000年版

84. 姜锋，马晓春，窦益山等著《杨勇将军传》北京：解放军出版社，1991年版

后　记

本著作原为本人的博士论文，在写作过程中，我的导师杨树标教授自始至终给予了悉心的指导，倾注了相当的心血，其指教之恩我自然当铭记于心，永不敢忘。同时，在论文的写作过程中，也得到了许多国内外著名学者的热心指点。1999 年 6 月，美国蒙大拿州蒙大拿大学曼斯菲尔得研究中心主任曼斯菲尔德教授来浙江大学历史系讲学时，我与他就美国在亚洲的三场战争，尤其是朝鲜战争进行了深入的探讨，他提出了一些很好的意见和思路，对我写论文很有启发；浙江大学历史系金普森教授、包伟民教授、梁敬明教授等都给予我在学习、资料、论文撰写上以很大的帮助，在此，我对他们致以深深的谢意！

虽然朝鲜战争至今已 60 年过去了，但这个问题依然是一个比较敏感的问题。

有关这场战争的资料近年陆续出版，但各自的观点都比较鲜明，所以要从中分析出事实与观点，还是有一定的难度的。本著作力求从实事求是的态度，阐述朝鲜战争的史实真相，还历史以本来面目。所以这是一个很有意义也是难度很大的题目由于本人才疏学浅，时间又紧，要在这纷繁众多的材料中分析提炼出精华，并形成比较完整的观点和体系，恐力所不及。因此，在本著作中，一定还有许多纰漏、错误之处，恳请各位导师和学长不吝赐教，本人愿意俯首聆听并在以后的研究中加以改进。

2013 年 2 月于杭州